JN321903

各種技法から、
裂き織りならではのコツ、
伝承として残る
地方の技法までを網羅

裂き織り大全

Sakiori-Taizen

箕輪直子
Naoko Minowa

誠文堂新光社

はじめに

「裂き織りってなんですか？」という質問を受けると私は、「裂き織りとは、よこ糸代わりに細く紐状に裂いた布を織り込んだ布のこと。素材となる布は子供の浴衣とか、形見の着物とか、想い出が新たな布として甦《よみがえ》る手織りです。たてよこに糸同士を組み合わせたような繊細な布にはならないけれど、元の布のフシもほつれも織り込めば、それが独特の趣となるのが裂き織りです」とこんな風に答えていました。でも裂き織りの愛好者が増え、好みも多様化した今、素朴さ以外の裂き織りを求める人も多くいます。

この本の中では裂き布をたて糸にしたり、布を貼り合わせたり撚りをかけたり、逆に織機がなくてもできる裂き織りなど、あらゆる可能性を提案しました。また、裂き織りをする上でのちょっとしたコツもできるだけ丁寧に説明しています。

この本を読んで、こんなこともできるのね！という発見がひとつでもあれば幸いです。

裂き織りのベスト

裂き織りってどんなものができるの?
裂き織りってザクザク織るだけじゃないの?
と思っている方のために、
今、手元にあるベストで
そのバリエーションを紹介します。

元布

このベストの元は子供の浴衣。金魚の柄の布を裂いて織り込んであります。元の布と織り地を比べてみると、織り地の方が色が薄いのがわかるでしょうか。その理由はたて糸に淡いピンクの綿糸を使っているから。織りの色合わせは絵具と同じで水色に白っぽいピンクを足せば色も淡くなります。たとえば、たて糸に濃いこげ茶を持ってくれば、同じ金魚の裂き布でもシックで大人でも着られるようなベスト地になります。

この藍色のベストも裂き織りです。でも上の金魚のベストと比べ、ちょっと織り地の雰囲気が違います。金魚のベストは毎回平織りで裂き布を織っていますが、このベストは裂いた布と藍色の糸、それぞれを巻いたシャトル2本を用意し、片方の開口では裂き布、もう片方の開口では糸と交互に織ってあります。いつも同じ開口の時に裂き布が入るので布が縦に並んでいるように見えます。これを畝織りと言います。

このベストの元布は帯揚げです。元の布がたいして大きくないときはこんな風に糸・糸・糸…と織り込んでたまに裂き布を織る、つまり裂き織りだからと言って布ばかり織る必要はありません。裂いた布が目立つようにたて糸を4本ずつ拾ってはさみ込む裂き織りもあります。これを浮き織りと言います。

このベストの元の布は普段着の小紋です。訪問着も裂けますが、裂いた布の耳はあまりきれいではありません。そこでやや太めの2cm幅くらいに裂いて、よこ糸として入れるときに折り畳むようにして耳を隠し、ふっくら織り上げました（114ページ参照）。

このベストの元の材料は毛糸と木綿のシーツです。それを玉ねぎの皮で染めました。裂き織りのベストというとたて糸は木綿と思われがちですが、引っ張って切れなければどんな素材を使ってもかまいません。毛糸をたて糸に使うと暖かく、柔らかなベストに仕上がります。

毛糸には洗うと縮むという習性があります。その特徴を利用して織ったのがこちらのベストです。たて糸は毛糸、よこ糸も毛糸と裂き布を交互にゆるく打ち込みます。そして織り上げた後に熱めのお湯でたっぷり縮絨すると、毛糸と裂き布のほつれが絡まった一枚布になります（116ページ縮絨、22ページ糸抜きマフラー参照）。

このベストの柄は千鳥格子と言います。たて糸は太めの綿糸で、よこ糸はシルクシフォンスカーフ。アカネのミョウバンと鉄媒染で2色に染め分けました。シルクシフォンはかなり細く裂けます。たて糸と裂いた布の太さを揃えれば裂き織りでも千鳥格子のような柄を織りだすことができます。

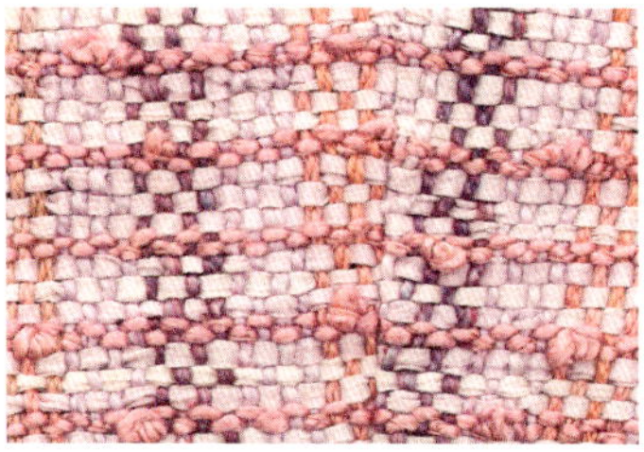

このベストの薄紫の部分は障子紙の残りで、それをブルーベリーで染めました。紙なんて洗濯できるの？ と思われるかもしれませんが、和紙はとても丈夫。特にたてよこに糸が入っているのでもちろん洗濯できます。ただ、紙の場合は裂くことはできないのでカッターなどで一定の幅に切ります。張りのある紙の場合は手でよく揉んで柔らかくしてあげるときれいに打ち込めます。

Contents

注）織りのたてよこは経糸、緯糸と書きますが、本書ではひらがな表記にしています。

特別寄稿

裂織の魅力

京都染織学芸舎主宰
富山弘基

最近の流行語のひとつ「断捨離」は、不用な物を整理して執着を断って未練なく廃棄処分するという、なんともドライで無機質な言葉である。これに対比して「もったいない」という昔から親が子に躾《しつけ》る言葉は、物を大切に扱い、無駄なく使わせていただくという日本の伝統的な精神風土が、その背景にある。今日的に言えば、ごみ減量（リデュース）・資源再利用（リユース）・再生利用（リサイクル）の３Ｒを指すが、04年にノーベル平和賞を受賞したケニアの副環境大臣ワンガリ・マータイさんが、翌年に毎日新聞社の招きで来日したおり、日本語の「もったいない」という言葉の意味に感銘、この言葉を世界の人々に広げようと提唱して話題になったことがある。

このような日本特有な風土から生まれた織物のひとつが「裂織」である。裂織の生い立ちはかつて鄙の清貧に耐えて生きる農山村の婦女子が、着古した衣服や古布襤褸《ぼろ》を細い紐状に裂いてつなぎ、織りの緯糸となし、手機に掛けた麻や綿の経糸に通して織り込んだ辛苦の結晶が、裂織であることは誰しもが知っている。

裂織の裂糸の原素材は、ほとんどが古着・古布襤褸の一群の布たちである。その布たちの生命が断たれようとする寸前に、裂糸に変換させて、古き物を新しき裂織の創作に再生利用するという革新的な技法を、村の人たちは考えついた。襤褸を生かす究極の手段として裂織が誕生した。その発生は木綿を中心とした衣服が庶民にも行き渡る、江戸前期かと思われる。

木綿の普及とそれらの襤褸を原材料とする裂織の発生には密接な関連があった。また裂織には他の織物が持ち合わせない強靭さに加えて素朴な美しさがあり、庶民の好みに適うものだった。

それゆえに豊かさに恵まれた現代の人々は、貧困の中で物を大切に扱う風土から裂織を育んだ、先人の英知に特別な情感を抱くのである。

近頃の日本の手織り分野で勢いを増している裂織。工芸美術や衣料ファッションにも裂織技法の作品が次々と登場し、裂織は更なる進化をとげている。

Chapter

1

一枚の布からできる裂き織り

着物やTシャツ、Yシャツなど、
着ることはなくなった衣類を裂いたものを
織り込むのが裂き織り。
一枚の布からどんな布を織ることができるかを
改めて見てみましょう。

一枚の着物からできる裂き織り

一枚の着物から、
どのくらいの布が織れるのか、
それは誰しも気になるところ。
ここではいくつかの着物を解体して裂き、
できた織り地をご紹介します。

【共通DATA】
使用織機:高機
通し幅:30cm
裂き幅:0.8mm
筬:50羽
よこ糸密度:3.5段/cm
組織:平織り
たて糸:極細綿糸

銘仙（半身）

〈袖〉
36g
38cm

〈身頃〉
82g
100cm

〈おくみ〉
18g
18cm

〈襟〉
16g
16cm

浴衣（半身）

ここでは銘仙（絹）と浴衣（綿）を例にとり、実際に解体して袖・身頃・おくみ・襟とパーツごとで重さを測り、半身分を同じ条件で織りました。

銘仙は半身分の布地を合計すると152gで、織り布の長さは172cm、約1.1cm/gでした。浴衣半身の合計は254gで、織り布の長さは232cm、約0.9cm/gでした。通し幅は30cmですが、織り上がりは27cm、約1割縮んでいます。

ごく軽い水通しはしましたが、揉む（116ページ参照）など仕上げの作業はしていません。

銘仙や浴衣と言っても、布の厚みにも差があり、手仕事のため多少のばらつきもありますが、30cm幅で織ると平均1cm/gの裂き織り布ができました。

銘仙のお召で裂き織りベスト

たて縞の銘仙のお召でベスト地を織りました。前身頃・後ろ身頃とも裂き織り地でこのショート丈のベストをつくるのに必要な布地の量は出来上がり寸法で29cm × 200cm。一着分の着物地をほぼ使い切ります(仕立て方は178ページ参照)。

このような大胆なたて縞の布の場合、柄を利用して新たな織り柄をつくることもできます。右の写真Aは布をたてに裂き、青・エンジ・黄色の3色の裂き布としてよこ縞の織り地にしました。写真Bは布をよこに裂き、縞の位置を絣の要領でずらして、三角の柄をつくりました。

よこに裂いた布をそのまま織ると縞の柄が偏って出る織り地になるので、このベストは3色がまんべんなく散るように布を斜めに切っています。

A

B

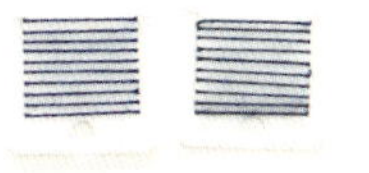

【DATA】
40羽綜絖　織り幅:35cm(140本)
たて糸:中細シルク

ほぐし絣の銘仙お召

この着物は34ページのよこ引き返し織りの巾着でも使っています。裂き布は打ち込むか、はさみ込むように織るかでも柄は変わってきます。

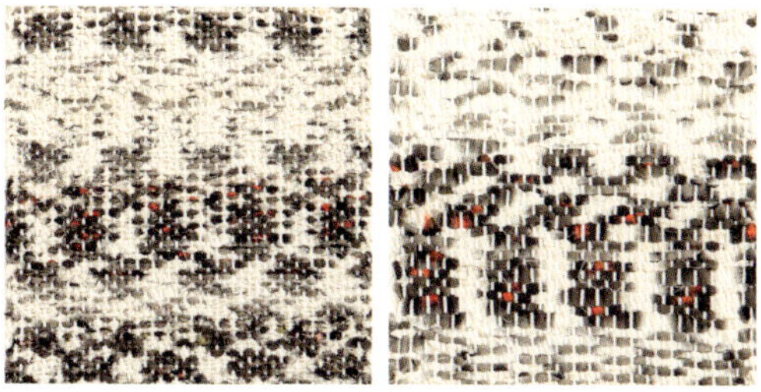

左は湿らせてしっかり打ち込んだもの。右ははさみ込むように織ったもの。

一枚のシャツから布を織る

シャツの後ろ身頃分を切り取って同じたて糸に織り込んでみました。
布は角が出ないように円形に1cm幅でカットしています（106ページ参照）。
シャツの厚みにもよりますが、40cm×20cmの布を織ることができます。

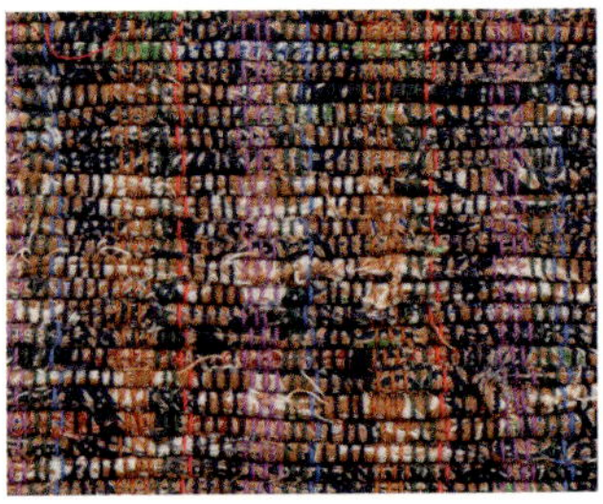

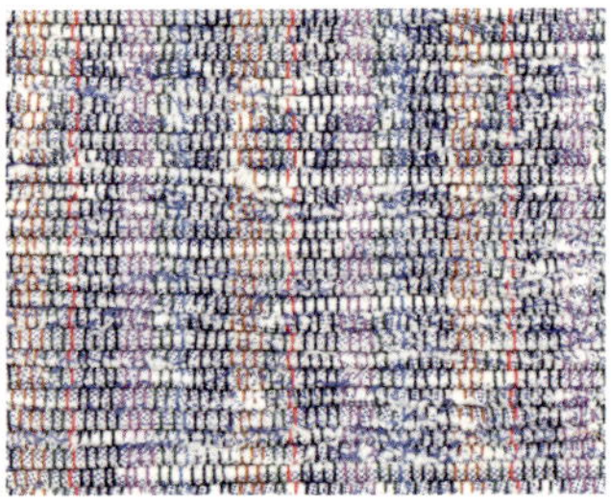

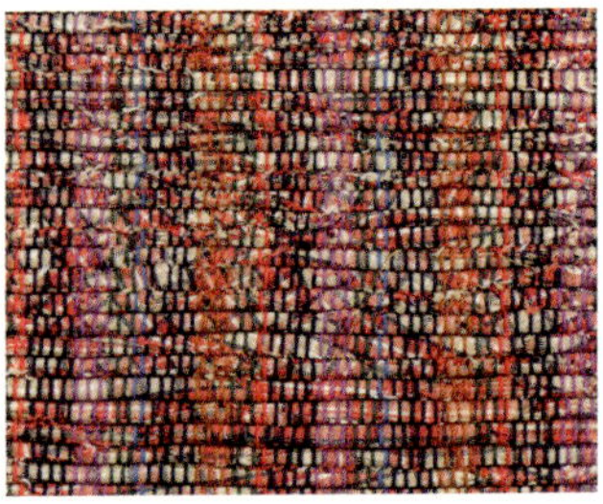

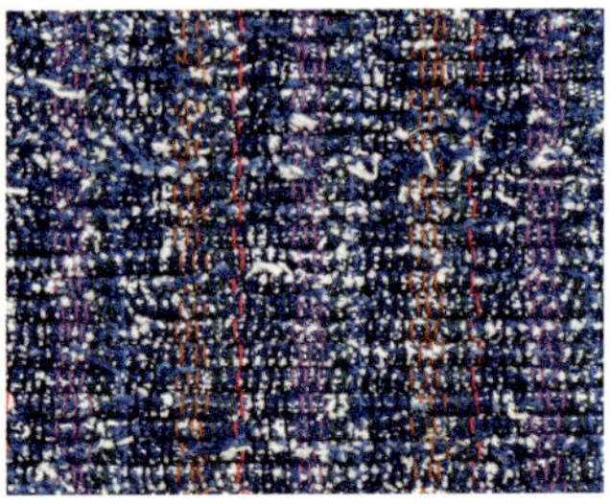

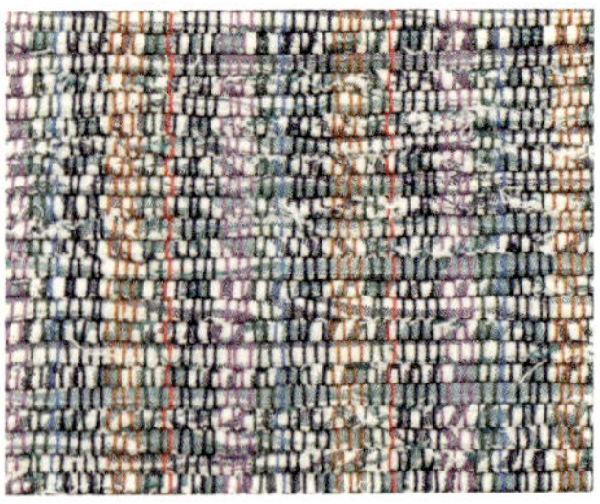

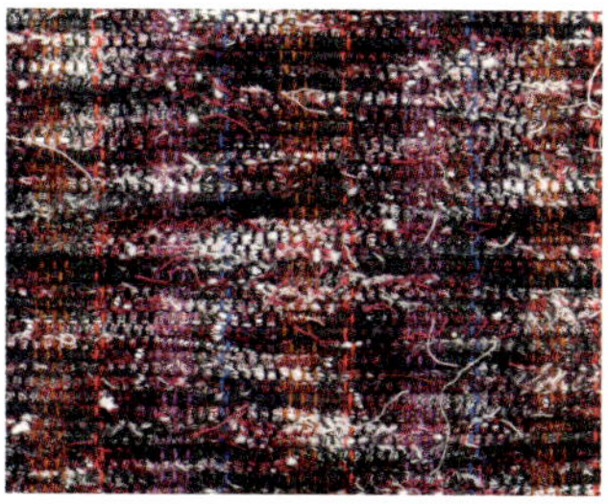

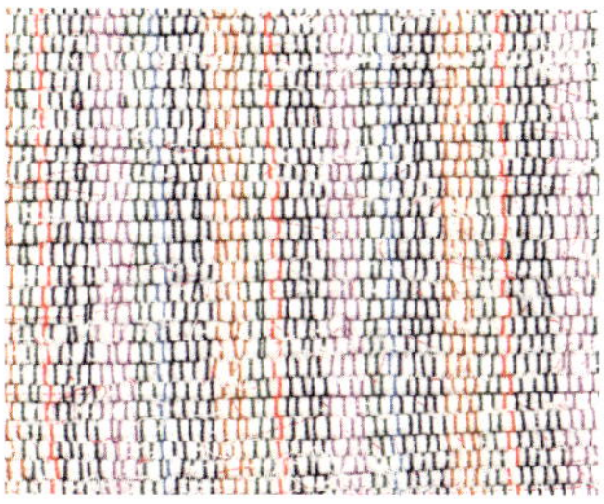

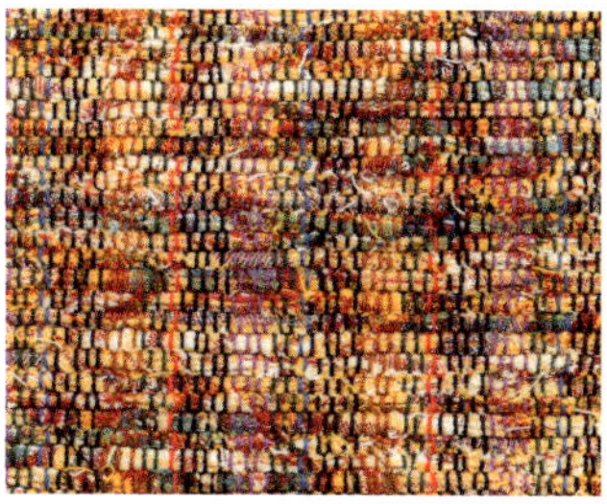

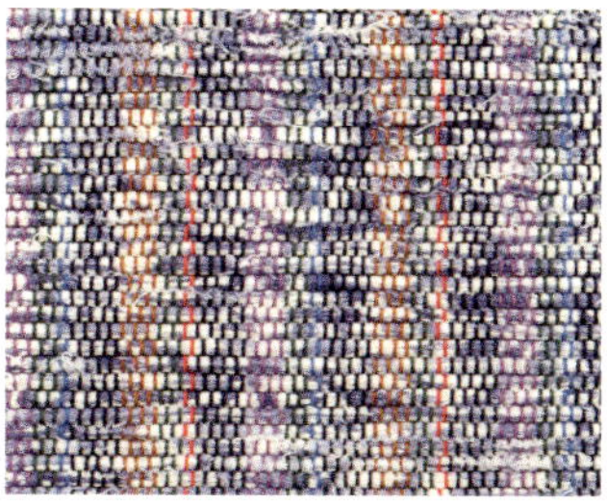

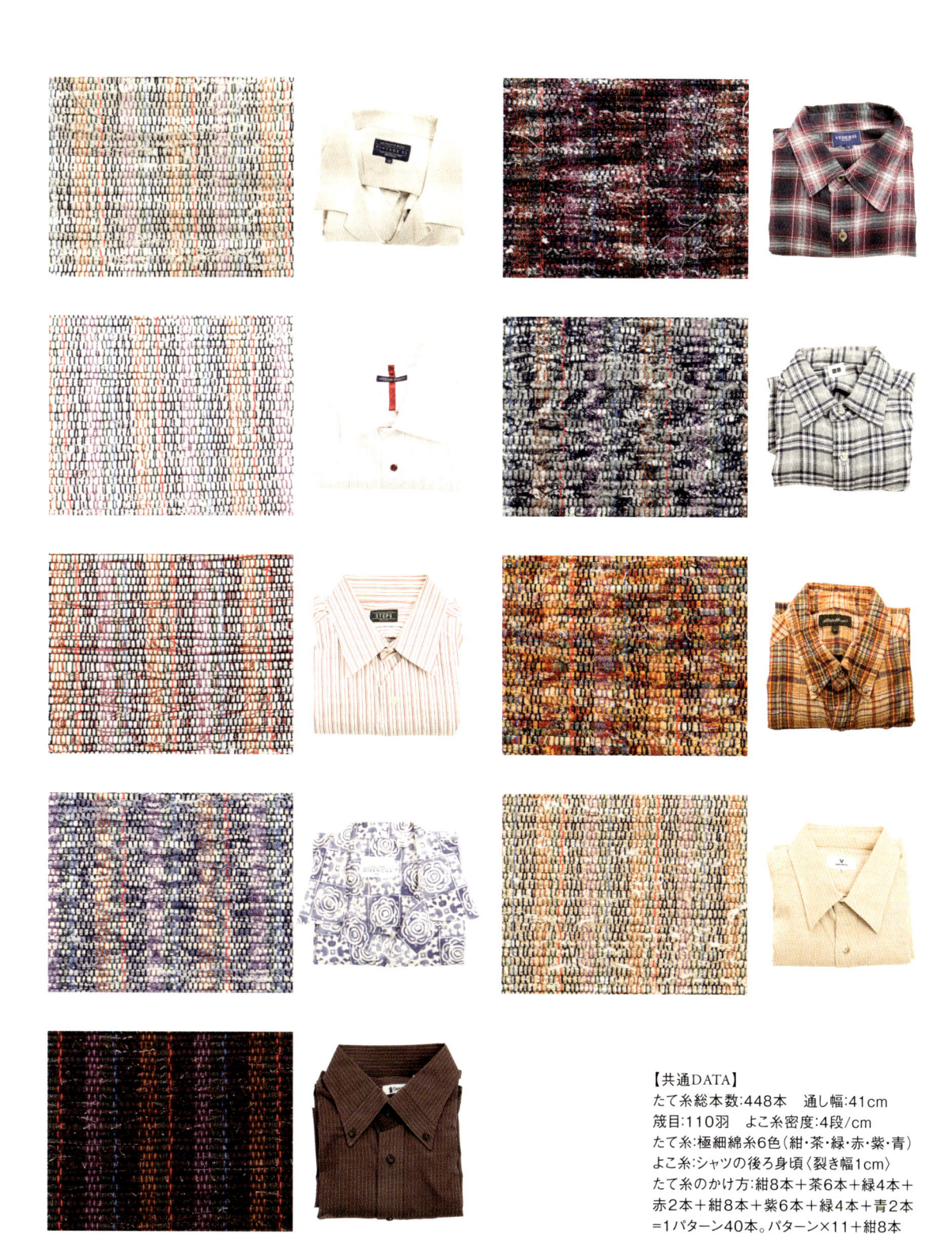

【共通DATA】
たて糸総本数:448本　通し幅:41cm
筬目:110羽　よこ糸密度:4段/cm
たて糸:極細綿糸6色(紺・茶・緑・赤・紫・青)
よこ糸:シャツの後ろ身頃〈裂き幅1cm〉
たて糸のかけ方:紺8本＋茶6本＋緑4本＋赤2本＋紺8本＋紫6本＋緑4本＋青2本=1パターン40本。パターン×11＋紺8本

布の柄の
特徴を生かす

「小布の貼り合わせ」

柄布を裂いて織るとまた違った印象の柄の織り布に生まれ変わる、それは確かに裂き織りの楽しみのひとつではありますが、手持ちの布で意図的に色を組み合わせて新しい柄をつくりだすこともできます。

その方法は単純に布同士を1cm位重ねて糊で貼り合わせるだけ。

固くならないの？　洗濯をして大丈夫なの？　数々の疑問が頭を巡ると思いますが、何種類もの糊を試して、ズボンのすそ上げなどに使用する布補修ボンドと巡り合いました。これなら10cm四方の小布も活用でき、好みの色合いの裂き布をつくりだすこともできます。また、この貼り合わせの布は裂くこともできます。

大きな布同士を貼り合わせると色が偏るので横幅は広くてもかまいませんが、高さは10cm位までにするといいでしょう。ここではそれぞれ6種類の布を貼り合わせましたが、まんべんなく色が出るように図の順で貼り合わせ、両端はそこでUターンするので半分の長さにします（このバッグの仕立て方は181ページ参照）。

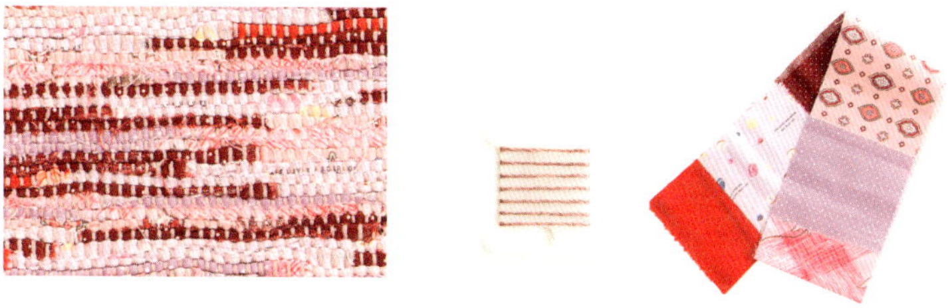

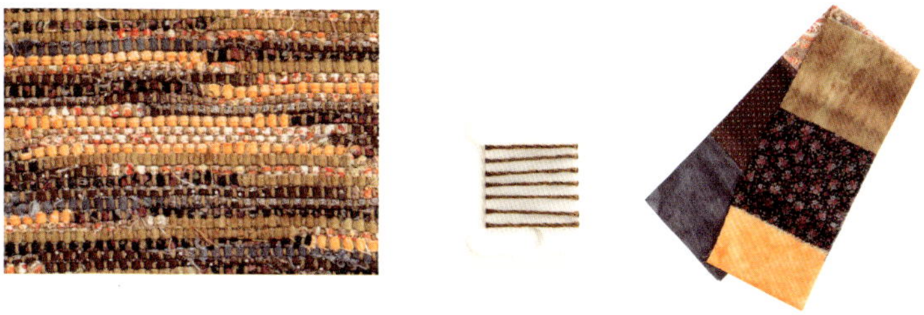

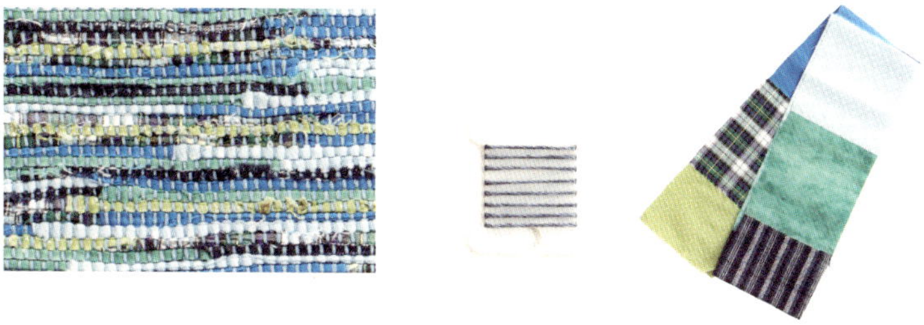

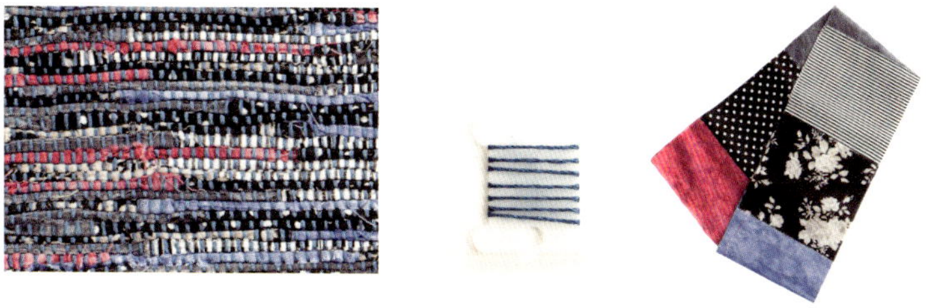

【共通DATA（4点）】
たて糸総本数:120本　整経長:120cm　通し幅:30cm
筬目:40羽　よこ糸密度:3段/cm
たて糸:中細シルク145m　よこ糸:綿布小布 適宜〈裂き幅1cm〉

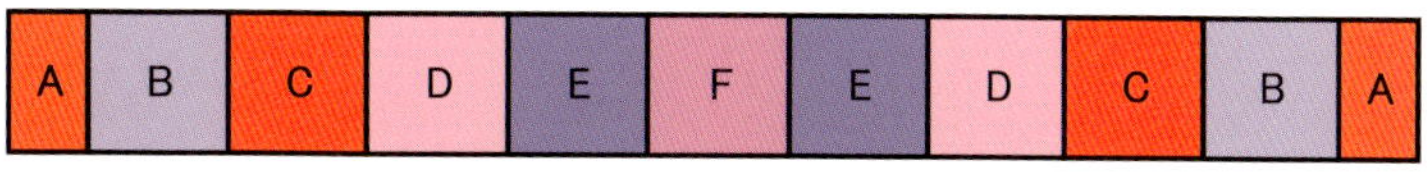

両端の布は5cm、あとは10cm。布端を1cm程度重ねて貼り合わせる。

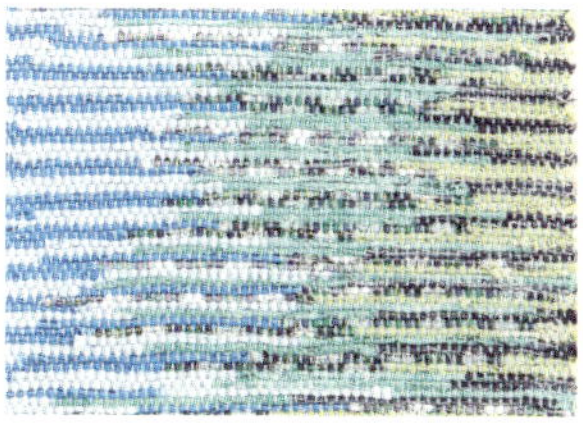

10cmごとの大柄な裂き布はシャトル2本に巻いて交互に入れると色が散ります。1本で織ると画像のように色が偏ります。

布補修ボンドは布端までまんべんなく塗り、1cm重ねて貼り合わせます。

布の柄の特徴を生かす

「布の表裏で柄を織る」

濃い藍色のプリント地、でも裏が白かったので裂いたら表裏の色が混ざってぼけた藍色になりがっかり……なんてことがよくあります。そんなふうにどうせダブルフェイスの布ならば、いっそ表裏の色の違いを絣風の柄にしてはいかがでしょうか。

この織り方はよこ糸を入れている途中で裂き布の表裏をひっくり返すので、やや厚みのある元布がおすすめです。

3点あるバッグのうち青いバッグはジーンズ工場（140ページ）でいただいたデニムの端布です。デニム地は1/3の綾織りのため、片面はたて糸が目立ち、もう片面はよこ糸が目立つダブルフェイスです。紫のバッグ地はカーテンを利用しています。元布見本では目立ちませんが、大きな水玉柄で、その水玉のラインに合わせて柄をつくっています。

黄色いバッグの元の布はネクタイ工場（144ページ）でいただいた端材です。ジャカード地は裏面が思わぬ色になっているのでこの織り方に向いています。どれも元布からは想像できない柄が出て楽しいバッグになりました。

▸ デニム地

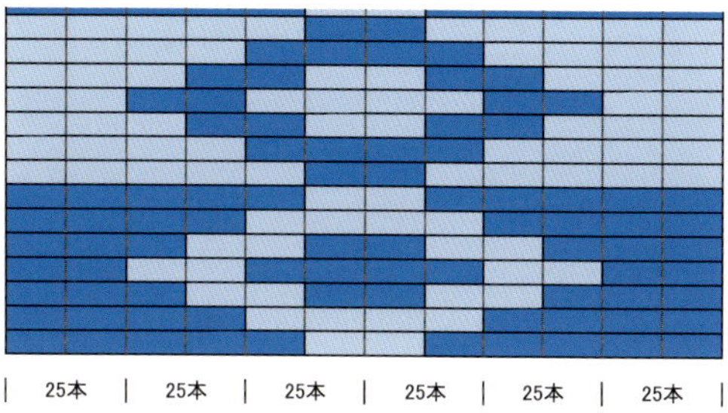

【DATA】
たて糸総本数:150本　整経長:120cm　通し幅:30cm　筬目:50羽
よこ糸密度:2段(綿糸+デニムテープ)/cm
たて糸:スーピマ綿糸(紺)180m
よこ糸:デニムテープ60g〈裂き幅1cm〉、スーピマ綿糸(紺)30m

綿糸とデニムテープを1段ずつ交互に織る。1段ずつ、デニムテープの表と裏を返すことで柄を出していく。

▸ カーテン地

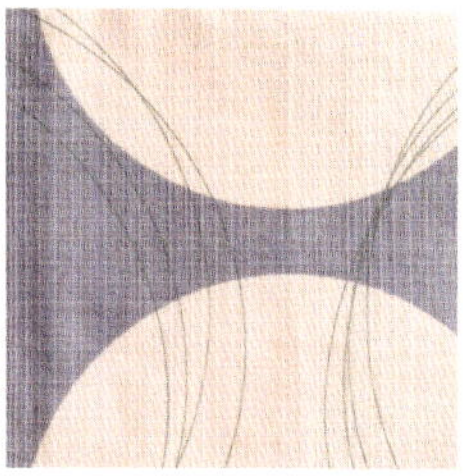

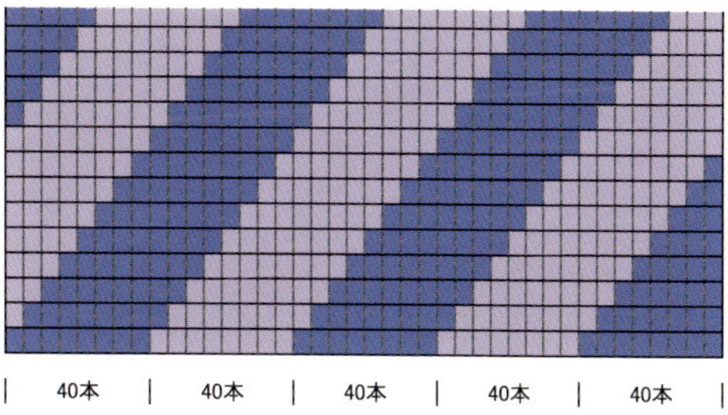

【DATA】
たて糸総本数:200本　整経長:140cm　通し幅:40cm　筬目:50羽
よこ糸密度:2段(綿糸+テープ)/cm
たて糸:スーピマ綿糸(紫)280m
よこ糸:カーテン地90g〈裂き幅1cm〉、スーピマ綿糸(紫)30m

綿糸とテープを1段ずつ交互に織る。よこ糸40本ごとにテープの裏表を返して柄を出す。その後、テープ1段ごとにたて糸5本を目安に裏表を返す位置をずらしていく。

▸ ネクタイ地

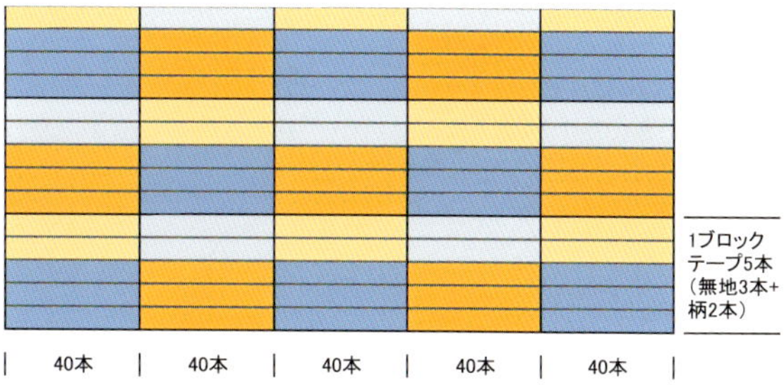

【DATA】
たて糸総本数:200本　整経長:140cm　通し幅:40cm　筬目:50羽
よこ糸密度:2段(綿糸+テープ)/cm
たて糸:スーピマ綿糸(黄色)280m
よこ糸:ネクタイ地90g〈裂き幅1cm〉、スーピマ綿糸(黄色)30m

綿糸とテープを1段ずつ交互に織る。よこ糸40本ごとにテープの裏表を返して柄を出す。

織り方

1　あらかじめデザインを決めておき、デザインに合わせて目印をつけます。

2　裂き布を入れ、目印のところで布の表裏を反転させます。

3　このまま織り進みますが、緩い布地になるので、織機から外したら接着芯を貼りましょう。

布の柄の特徴を生かす

「布の柄を再生する」

【DATA】
たて糸総本数:45本　整経長:100cm
通し幅:15cm　筬目:30羽　よこ糸密度:3段/cm
たて糸:極細綿糸（紺）45m
よこ糸:花柄布（15cm×25cm）3枚〈裂き幅1cm〉

もう着ることはないけれど残しておきたい着物はありませんか？　しまっておくより目の触れるところに置きたいから部分的に切り取って額装にする。それならいっそ趣のある裂き織り地にしたい。そんな時にこの柄の再生はおすすめです。

浴衣の中の花柄布１枚をカットしてそのまま織ると打ち込みの時に元の柄がつぶれてしまうので、この額装の織り布は同じ花柄部分を３枚使っています。

３枚の布はそれぞれ１cm幅にカットして個別にシャトルに巻き、３つのシャトルを順に３段/cmのよこ糸密度で織ります。３枚の布を同じ位置で切ると柄の輪郭がきれいに再現されないので、切る位置を1/3cmずつずらすのがポイントです。

左ページの作品は、この浴衣の花柄を再生しました。柄の再生のたて糸選びのポイントは柄の邪魔にならないように細い糸を選ぶことです。

花柄2枚で再生しました（写真右）。2枚の場合は1/2cmずらし、糸と交互に織ります。柄の再生は花柄1枚でもできますが、かなり緩い織り地になるので補強で接着芯を貼ります。写真左は元布。

織り方

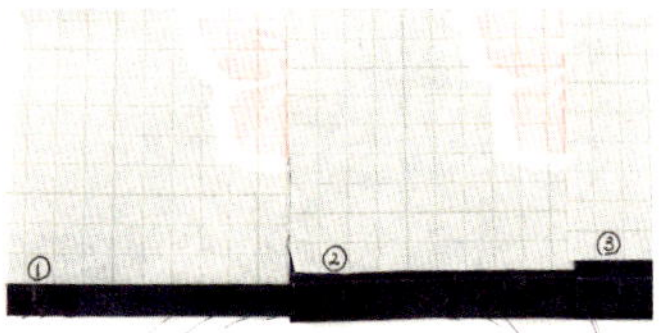

1　アイロンで貼れるマス目の仮止めシートを3枚の布に1/3cmずらしながら貼ります。

2　端を1cm残して、1cm幅に切り、シートをはがしながら布の上からシャトルに巻いていきます。

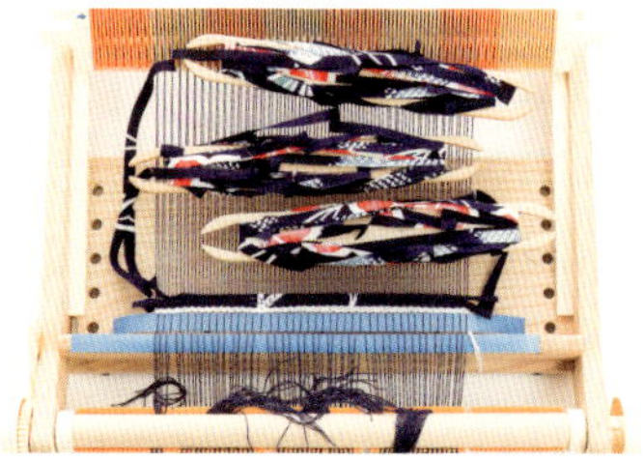

3　3本のシャトルで1.2.3の順に織っていきます。

4　3段/cmのよこ糸密度で、柄部分は微調節しながら合わせていきます。

column

裂き織りのマフラー&ショール

裂き織りでマフラーはできませんか?
という質問を時々受けますが、もちろんできます。
こんな感じはいかがですか? という5つの提案を形にしました。

【毛糸と着物のチェックマフラー】

グレーの無地の着物の裂き布を、ところどころたてよこに入れてマフラーを織りました。たて糸に使った裂き布は110ページの縫ってつなげる方法。この際、縫うのを1カ所にすると裂き布の端がめくれてきます。ひと手間ですが2カ所かがるといいでしょう。裂き布は撚りの甘い糸と組み合わせ、粗い密度でざっくり織って縮絨して仕上げます。縮絨でひと回り小さくなるのを考慮してサイズを決めましょう。

【糸抜きマフラー】

織っているときは隙間部分のたてよこに綿糸が入っています。織り上げて縮絨した後に綿糸を抜くことで、このような隙間の空いたマフラーになります。縮絨とは、熱い湯とせっけんの中で刺激することで糸同士が絡み合う毛糸の性質を利用した仕上げの方法。ぬるい温度の湯で縮絨しても効果は低いので、必ず50度以上に。絡み合って一枚布として止まるのはウールならではの性質なので、ウール100%の毛糸を選びましょう。

▸ 毛糸と着物のチェックマフラー

【DATA】
たて糸総本数:58本(ウールピンク24本・茶22本・着物地12本)
整経長:165cm　通し幅:29cm
筬目:20羽　よこ糸密度:3段/cm
たて糸:極太ウールツイード(ピンク・茶)各40m、着物地(グレー)15g〈裂き幅0.8cm〉
よこ糸:極太ウールツイード(ピンク・茶)各30m、着物地(グレー)10g〈裂き幅0.8cm〉

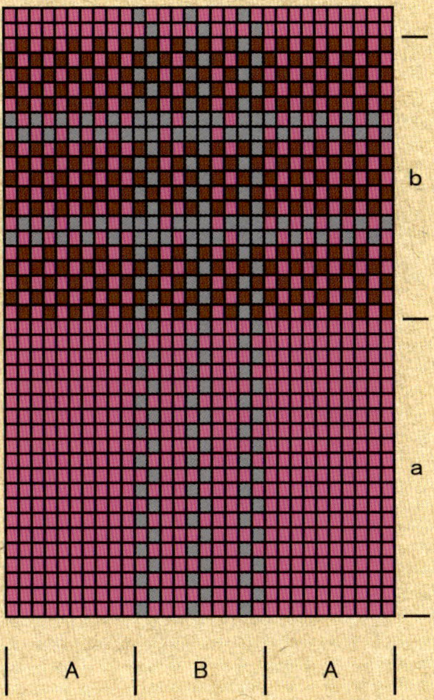

たて糸のかけ方:A＋B＋A＋C＋D＋C
A＝ピンク10本、B＝(着物地2本+ピンク2本)×2＋着物地2本、C＝茶色9本、D＝(着物地2本＋茶2本)×2＋着物地2本
よこ糸の入れ方:(a+b)×4
a＝ウールピンク20段、b＝(茶5段＋着物地2段)×2＋茶5段

▸ 糸抜きマフラー

【DATA】
たて糸総本数:117本(ウールピンク40本・黄緑35本・着物地10本・綿糸32本)
整経長:230cm　通し幅:39cm
筬目:30羽
よこ糸密度:ウール・着物地部分1.5段/cm、綿糸部分3段/cm
たて糸:中細ウール(ピンク)95m、並太ウール(黄緑)85m、着物地(ピンク)30g〈裂き幅0.8cm〉、中細綿糸(色は問わない)75m
よこ糸:極太ウールツイード(緑)85m、着物地(ピンク)15g〈裂き幅0.8cm〉、中細綿糸(色は問わない)110m

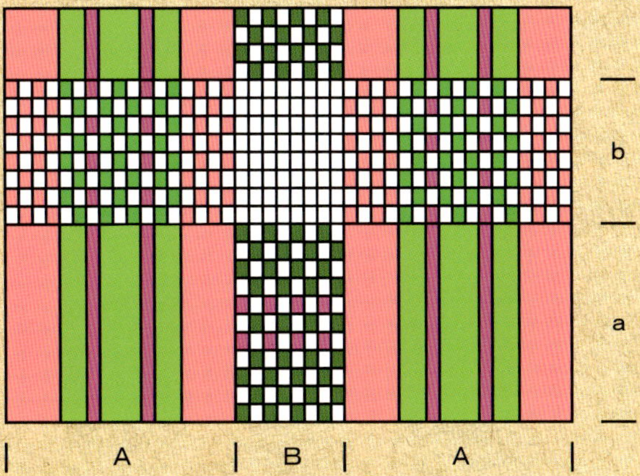

たて糸のかけ方:(A+B)×4+A
A:ピンク4本＋黄緑2本＋着物地1本＋黄緑3本＋着物地1本＋黄緑2本＋ピンク4本
よこ糸の入れ方:(a+b)×4+a=239段
a:ツイード緑4段＋着物地1段＋ツイード緑1段＋着物地1段＋ツイード緑4段
綿糸は織り上げて縮絨したあとで抜き取る。

織り方

1　織っているときはチェックの平織り布です。ここでは茶の糸が綿糸です。

2　50度以上の湯に洗剤とマフラーを入れ、じっくりと振り洗いをします。

3　縮絨後、綿糸を抜きます。

【綟《もじ》りを加えた
裂き織りショール】

【草木染めの胴裏と
モヘアのショール】

シルクの裂き布と絹糸を組み合わせてショールを織りました。よこの綟りは1ブロックごとに織りながら入れます。たての綟りは別糸を用意し、ある程度織ったところで、かぎ針で拾いながら通していきます。そのたての綟りをするためにブロックとブロックの間は4本の空羽にしています。2種類の裂き布の幅を揃えるのがきれいに仕上がるポイントです。

▸ 綟りを加えた裂き織りショール

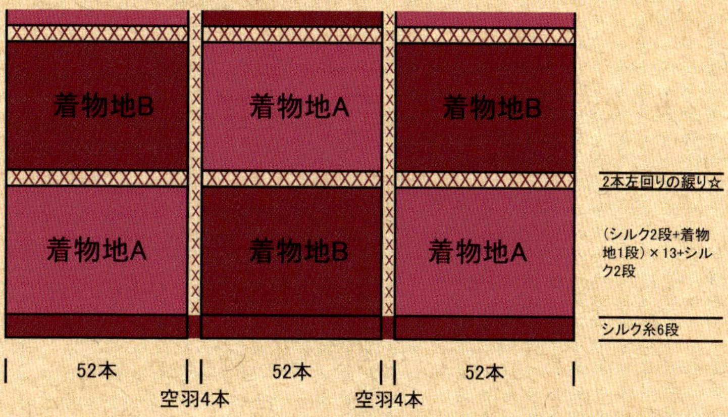

15ブロックで約160cm長　2本左回りの綟り織りは48ページ参照

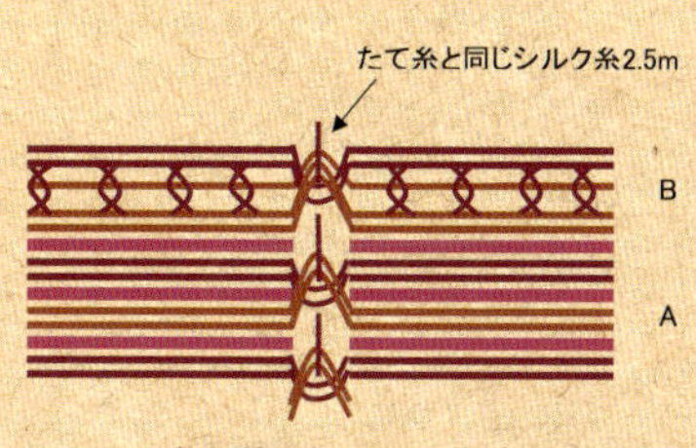

A:シルク糸を裂き布の上のよこ糸2段の下に通し、上のよこ糸2段の上の4段一組
B:綟り部分はシルク糸が下を通る2段×上を通る3段の5段一組

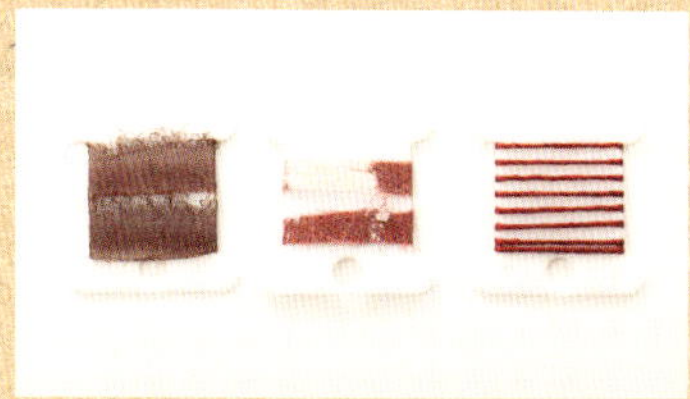

【DATA】　たて糸総本数:156本　整経長:220cm　通し幅:32.8cm　筬目:50羽
よこ糸密度:5段(シルク2段＋着物地1段＋シルク2段)/cm
たて糸:中細シルク(えんじ)350m
よこ糸:中細シルク(えんじ)10m、着物地(2種)100g〈裂き幅0.8cm〉

織り方

1　たて糸はブロックの間に4本の空羽を入れ、1ブロック終わったら4本一組の綟りを入れます。

2　1ブロック織ったら、巻き取る前に図を参考にたての綟りを入れます。

3　よこ糸の綿糸4段を一組にして、かぎ針で絡め、別糸を通していきます。

アケビ・胡桃・桑・セイタカアワダチソウetc、細いモヘアの糸と胴裏を草木で染めて、ふんわり柔らかいショールに仕上げました。部分的に入れたよこ糸のモヘアは縮絨の時に糸が寄らないよう綟りをプラスしています。縮絨することで胴裏のほつれとモヘアが絡みます。薄手ですが、裂き布たっぷりの軽やかなショールです。

▸ 草木染めの胴裏とモヘアのショール

【DATA】
たて糸総本数:210本　整経長:2.6m　通し幅:48.4cm　筬目:50羽
よこ糸密度:糸部分5段/cm、布＋糸部分13段/8cm
たて糸:極細モヘア(クリーム色)390m、極細モヘア(赤茶)100m、極細モヘア(こげ茶)65m
よこ糸:極細モヘア(クリーム色)170m、羽二重地170g〈裂き幅1cm〉

▸ 草木染めの胴裏とモヘアのショール

【織り順】
①モヘア10段（1段目と10段目、空羽部分両端で綟り織り（綟り織りについては48ページ参照）。
②（シルク〈裂き幅1cm〉1段＋モヘア1段）×6＋シルク1段。○印の部分で綟り織り（綟り織りについては48ページ参照）
③①②のくり返し、織り終わりは①

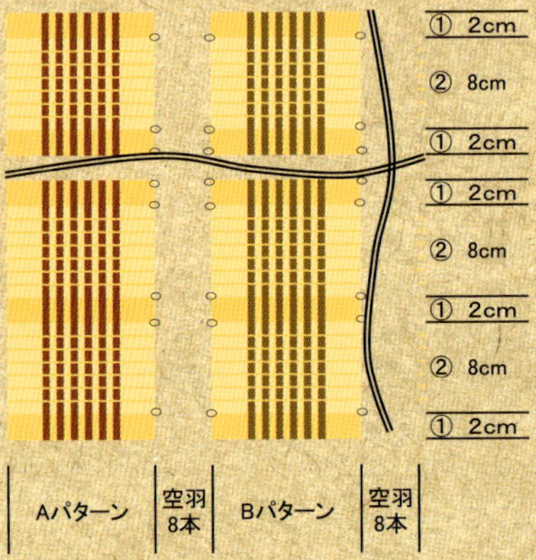

たて糸：Aパターン＝クリーム色10本＋（赤茶2本＋クリーム色2本）×5＋赤茶色2本＋クリーム色10本、Bパターン＝クリーム色10本＋（こげ茶2本＋クリーム色2本）×5＋こげ茶色2本＋クリーム色10本
Aパターン＋空羽8本＋Bパターン＋空羽8本を2回繰り返して、端はAパターンで終わる。

【刺繍ハンカチ幅の柄の再生ショール】

お気に入りの木綿の刺繍ハンカチを身にまといたくて、よこ糸として織り込みました。織り幅はハンカチと同じ幅。桜の刺繍柄がそのまま生かせるショールになりました。詳しい織り方は20ページの柄の再生を参照してください。このショールではハンカチの桜刺繍を再生するのに刺繍柄２枚を用意してミシン糸と交互に織り込んでいます。中細シルクと組み合わせることで繊細な仕上がりとなりました。

織り方

ハンカチを柄を崩さないようにカットしてそのまま2本のシャトルに巻いていきます。

【DATA】
たて糸総本数：114本　整経長：220cm　通し幅：38cm
筬目：30羽　よこ糸密度：3段/cm
たて糸：中細シルク（白）255m
よこ糸：中細シルク（白）255m、綿ハンカチ30g×2枚〈裂き幅1cm〉、ミシン糸10m

Chapter

2

裂き織りの技法（前編）

平織り／綾織り／杉綾織り／網代斜紋
よこ引き返し織り／たて引き返し織り／千鳥格子／網代織り
畝織り1（畝網代）／畝織り2（リップス織り）
浮き織り1（よこ糸の浮き織り）／浮き織り2（たて糸の浮き織り）
浮き織り3（開口の浮き織り）／スペース織り
綟り織り1／綟り織り2（コインレース）／綟り織り3（六角綟り）

平織り

Hira-ori

「この裂き布にはどんな色のたて糸を選んだらいいですか？」と聞かれると、私は「裂き布と同じぐらいの濃さの色を選ぶといいですよ」と答えます。

３ページの金魚のベストのところでも触れましたが、手織りのたて糸とよこ糸の関係は絵具の色合わせと同じです。赤い裂き布を織り込むたて糸に青い糸を選べば紫がかった織り布に、黄色のたて糸を選べばオレンジがかった織り布ができあがります。でもそれはあくまで同じくらいの濃さの場合です。

千鳥格子などはたて糸とよこ糸である程度の色の差があったほうが柄は出ますが、平織りの場合はたてよこの色の濃度に極端に差があるとハレーションを起こします。真っ赤な裂き布に同系色だからと言って淡いピンクのたて糸を選ぶなら、真っ赤と同じくらいの濃さの別の色を選ぶといいでしょう。また裂き布の元の布が柄布の場合は、その柄の中の一色に近い色を選ぶといいでしょう。

ここでは、たて糸の色違いで、２点の巾着をつくりました。

右

左

【DATA】
たて糸総本数:120本
整経長:120cm
通し幅:30cm
筬目:40羽
よこ糸密度:2.5段/cm
たて糸:スーピマ綿糸（白または茶）145m
よこ糸:綿布（白地柄）50g〈裂き幅1cm〉

綾織り

Aya-ori

杉綾織り

Sugiaya-ori

4枚綜絖織機でできる綾織りの中で最も基本的な2/2の綾で巾着地を織りました。斜めに線のある織り地となるため斜紋《しゃもん》という言い方もします。

たてよこ糸が同じ太さの場合、その斜めの線が45度を保つように織りますが、裂き織りではたてよこで太さが違うのでその角度にこだわる必要はありません。ただ、斜めの線がゆがんでいると目立つので裂き布の打ち込み密度を一定に保つといいでしょう。

裂き布で綾織りをすると、たいていの場合裂き布に比べてたて糸は細くなるので、たて糸は裂き布の間に埋もれがちです。この巾着もたて糸に中細シルクを使ったため、たて糸があまり目立ちませんでした。

たて糸の色やラインを強調したい場合は綾織りの開口で裂き布を入れた後、たて糸と同じ糸で平織りを2段織るといいでしょう（図1参照）。

綜絖の通し方を変えると杉綾になります。杉綾は杉の葉のように交互に斜めのラインがでてきます。2色でたて糸の縞をつくり、縞ごとに方向を変えると柄のおもしろさが浮き立ちます。写真の巾着は図2のようにたて縞の幅を変えることもできます。

▸ 綾織り(上)

【DATA】
たて糸総本数:150本　整経長:120cm
通し幅:30cm　筬目:50羽
よこ糸密度:3段/cm
たて糸:中細シルク(茶)180m
よこ糸:綿布(黄色)85g〈裂き幅1cm〉

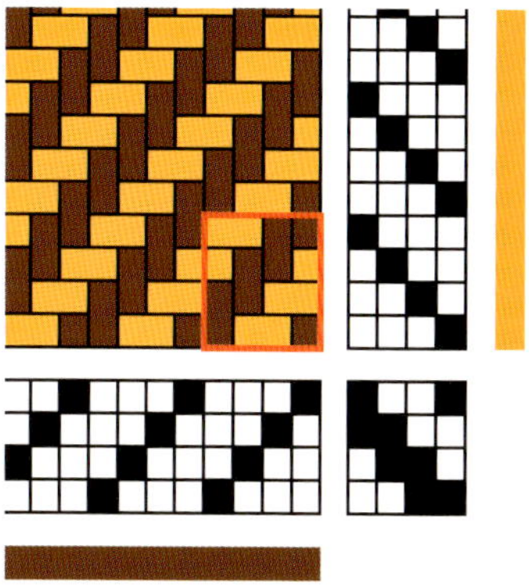

(図1・綾織りの応用〈タビー使用〉)

▸ 杉綾織り(下)

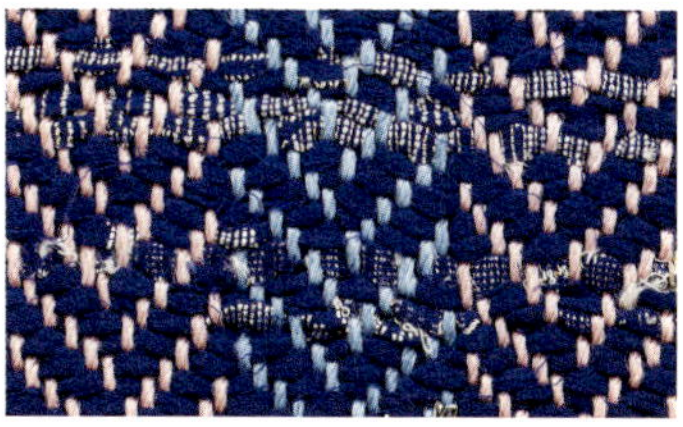

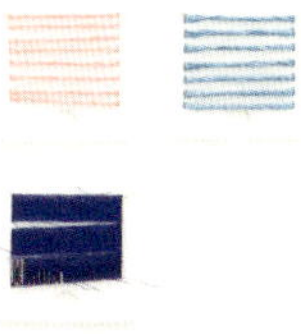

【DATA】
たて糸総本数:150本　整経長:120cm
通し幅:30cm　筬目:50羽
よこ糸密度:4段/cm
たて糸:中細シルク(水色・ピンク)各90m
よこ糸:綿布(青)50g〈裂き幅0.8cm〉

(図2・杉綾織りの応用〈縞違い〉)

網代斜紋

Ajirosyamon

たて糸は中細シルク、よこ糸にシルクシフォンを細く裂いて織り込み、繊細な裂き織り地に仕上げました。本来の網代織りはたてよこに２色の糸を交互に使い、色糸の効果で垂直と水平の柄を出す平織りです。それに対し網代斜紋は綾織りの斜めのラインを活用して網代織りのような柄を出しています。

杉綾や山形斜紋は、同じ通し方を繰り返すことで斜めのラインの幅（たて糸の本数）を変えることができますが、網代斜紋はたて糸８本・よこ糸８段の１パターンしかありません。また、たてよこの糸の太さに差があるときれいに柄が出ないのもポイントのひとつ。そのためたて糸と太さを揃えるべく裂き布には細く裂けるシルクシフォンを使いました。

平織り、綾織りは綜絖にたて糸を通す方向が逆でも、織り布の表裏を変えれば同じ柄になりますが、網代斜紋は綜絖の通し方の方向を間違えると写真の柄にはならないのでよく確認してから作業しましょう。

たてよこ同じ糸でマフラーなどを織っても楽しい柄なので、ぜひ試してみてください。

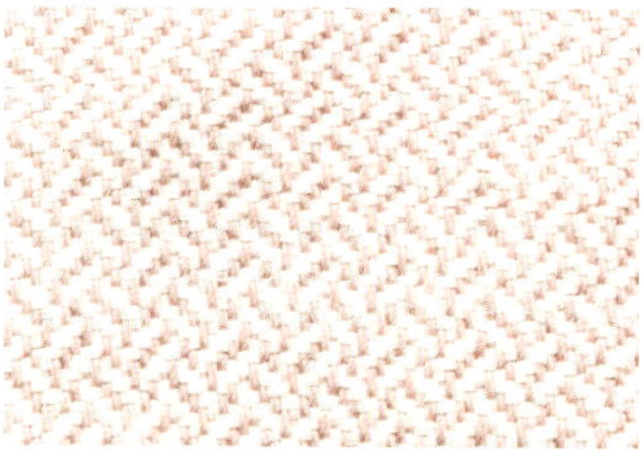

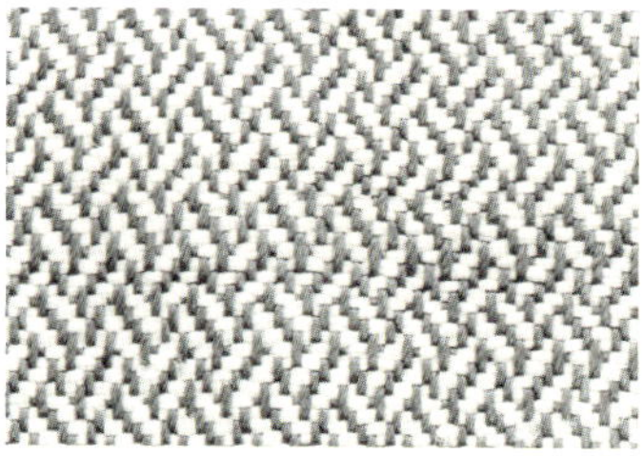

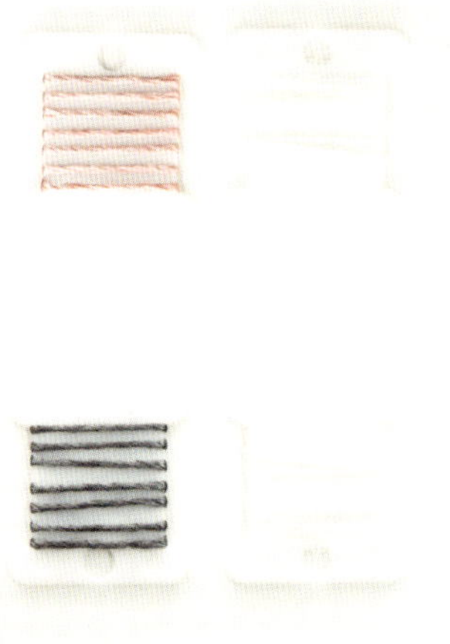

【DATA】
たて糸総本数:150本
整経長:120cm
通し幅:30cm　筬目:50羽
よこ糸密度:5段/cm
たて糸:合太シルク（グレーまたはピンク）180m
よこ糸:シルクシフォン（白）40g〈裂き幅1cm〉

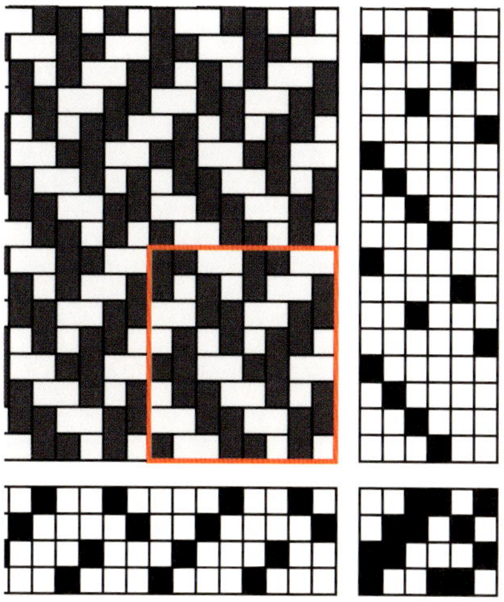

よこ引き返し織り

Yokohikikaeshi-ori

引き返し織りにはたてとよこの2種類があります。よこ引き返し織りは、異なる糸を巻いたシャトルを2本用意し、この異なる糸の太さが同じ場合は2段で一模様が基本です。1段目はたて糸の両端からそれぞれのシャトルを入れて、たて糸の途中で出し、2段目は引き返して両端にそれぞれのシャトルを戻します。

ちょうど手元に張りのある銘仙（着物の状態は13ページ）があり、柔らかい裂き織り地にしたかったので、相方は並太毛糸を選びました。

銘仙の柄を生かすため、裂き布ははさむように入れ、裂き布の1段と高さを揃えるために毛糸は6段織っています。

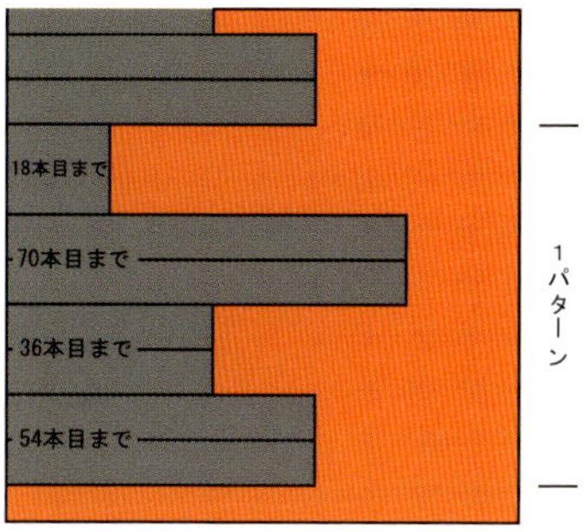

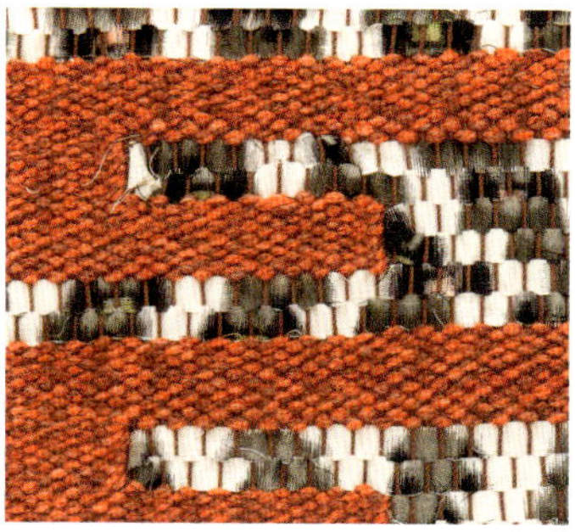

布1段に対してウールは6段が基準。
布幅に応じて4〜8段の偶数段で調整しながら織る。
着物地の引き返す位置は4種類1パターンの繰り返し。

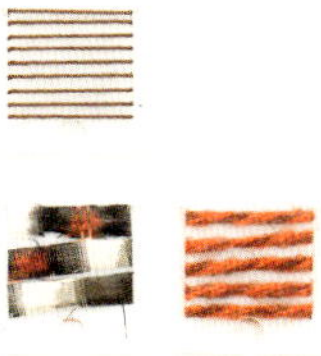

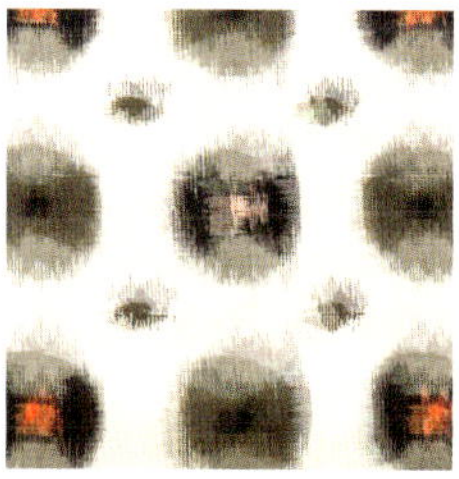

【DATA】
たて糸総本数:90本　整経長:120cm
通し幅:30cm　筬目:30羽
よこ糸密度:着物地2段/cm、ウール12段/cm
たて糸:並太ウール（オレンジ）110m
よこ糸:並太ウール（オレンジ）120m、着物地40g〈裂き幅0.8cm〉

織り方

1　毛糸は、たて糸の片側の端から目印の位置まで6段引き返して織ります。

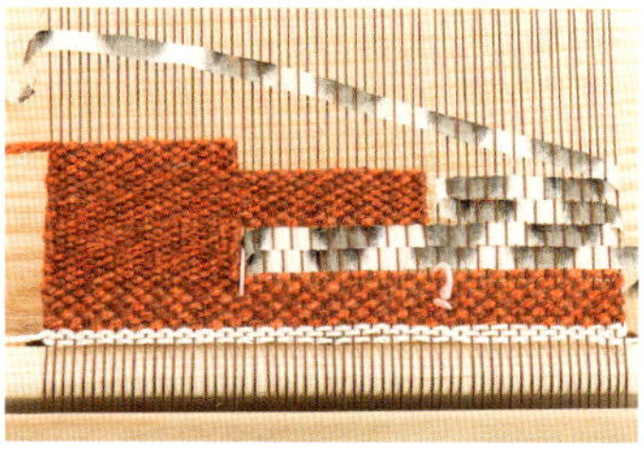

2　裂き布を反対側から1段入れます。

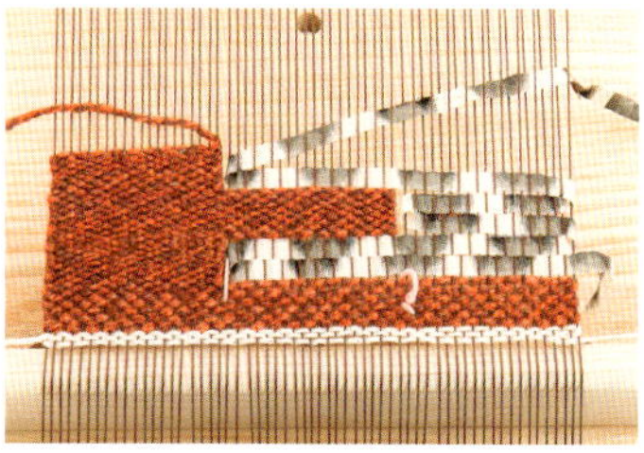

3　また毛糸を6段織ります。この段数は裂き布と毛糸の太さによって変えましょう。

4　引き返す目印の位置を変更して、また毛糸6段の織り始めです。

たて引き返し織り

Tatehikikaeshi-ori

たて引き返し織りはたて糸が２本取りになっています。２色のたて糸を用意し、かけたい長さの整経ピンの両端にそれぞれの糸を結びつけます。通常、整経は一方向からしますが、たて引き返しの場合は両端から同時に糸を引き、糸同士をＵの字に引っ掛けて引き返すので２本取りになります。

２色の糸同士を結ぶわけではないので、こぶにもならず、筬や綜絖に引っかかることはありません。

この巾着は１回おきにＡとＢ（手順写真４）の地点で引っかけているため片面の布端は黒、もう片端はグレーになっています。整経にはひと手間かかりますが、よこ糸は１色なので早く織り進みます。

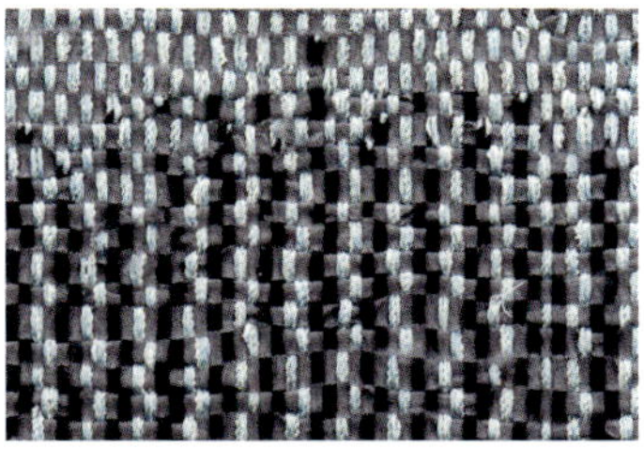

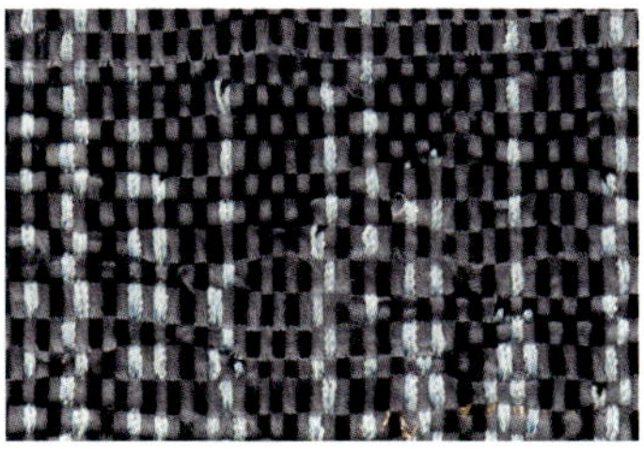

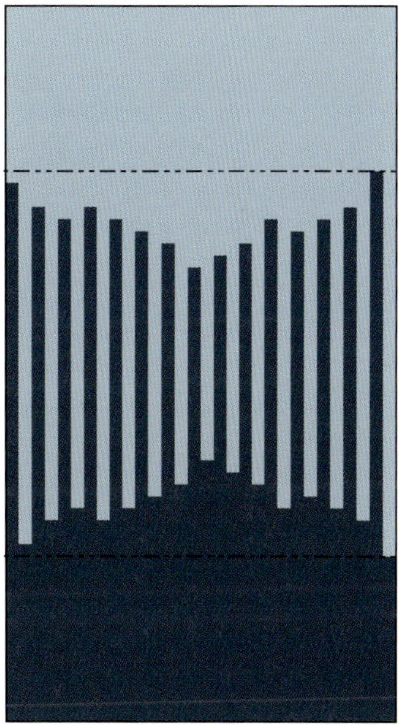

2本取り×120本

※整経の際、黒糸と青糸を両端からスタートさせて、約43cmのところから77cmのところまでの34cmの上下5cmほどの範囲内で2本の糸を交差させ、たて引き返しの柄をつくる。
巾着の表・裏でリバーシブルのような柄ができる。

【DATA】
たて糸総本数:240本（黒・青 各120本）
整経長:120cm　通し幅:30cm
筬目:40羽　よこ糸密度:4段/cm
たて糸:スーピマ綿（黒）、ラメ糸（水色）各150m
よこ糸:着物地（グレー）50g〈裂き幅0.8cm〉

織り方

1　2色のたて糸をそれぞれ両端に結び、両方同時に糸を引き、B地点で引き返します。

2　1の部分拡大です。結ぶのではなく、互いの糸をUの字にかけて引き返すので2本取りになります。

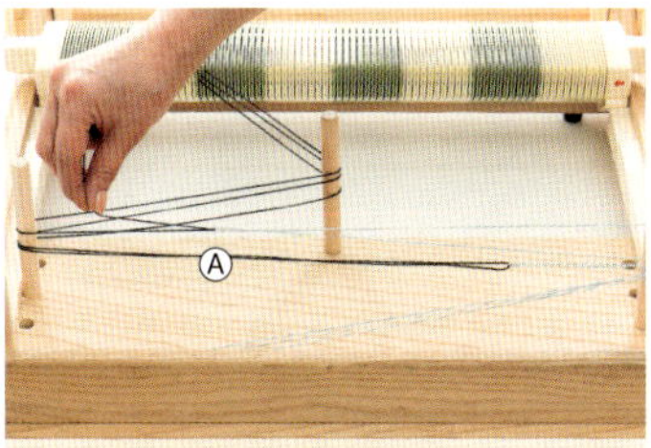

3　次はA地点で引き返します。

4　A地点B地点と交互に引き返す位置を変えると、たて糸の両端は黒と水色に分かれます。

千鳥格子

Chidorigoshi

網代織り

Ajiro-ori

たてよこに２色の糸を使い色糸効果で柄をだす千鳥格子や網代織りは、手織りの定番のデザインです。

平織りの千鳥格子はたて糸が２本ずつの縞、よこ糸も２段ずつの縞で成り立っており、網代織りはＡＢ２色の糸をたてよこともＡＢＡＢ……と交互にし、途中でＢＡＢＡ……と交互にするとブロック模様になります。

これらは、たてよこの糸の太さが同じくらいでないと柄が出ないため、あまり裂き織りでは使われてきませんでした。でも、整経長と同じ長さの布をそのまま裂いてたて糸にすれば、たてよこ裂き布の千鳥格子や網代模様を織ることができます。

またこの本の中では、撚りをかけたり糊付けをすることで裂き布をたて糸として使う方法も多く取り上げています（108～109ページ参照）。裂き布を縫い合わせることでたて糸とすることができます。

▸ 千鳥格子（右）

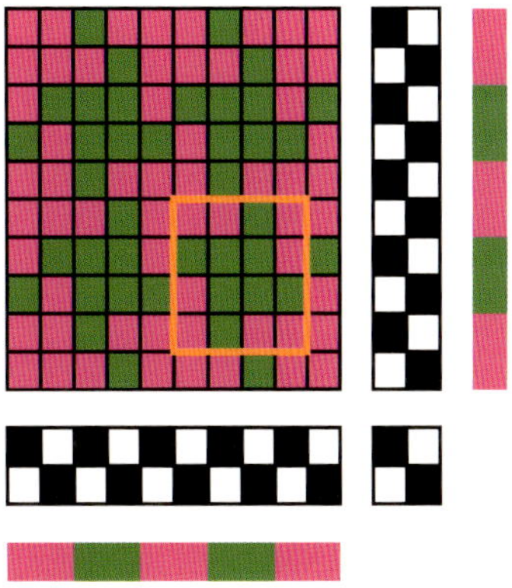

たて糸：（ピンク2本＋緑2本）×30＋ピンク2本
ピンク2段、緑2段を交互に織る。

【DATA】
たて糸総本数：62本（緑30本・ピンク32本）
整経長：120cm　通し幅：30cm
筬目：20羽　よこ糸密度：2段/cm
たて糸：ムラ染め綿布（緑・ピンク）各30g〈裂き幅1cm〉
よこ糸：ムラ染め綿布（緑・ピンク）各20g〈裂き幅1cm〉

織り方

たて糸は2本ずつの縞、よこ糸も2段ずつ交互に織ると飛び立つ千鳥の柄になります。

▸ 網代織り（左）

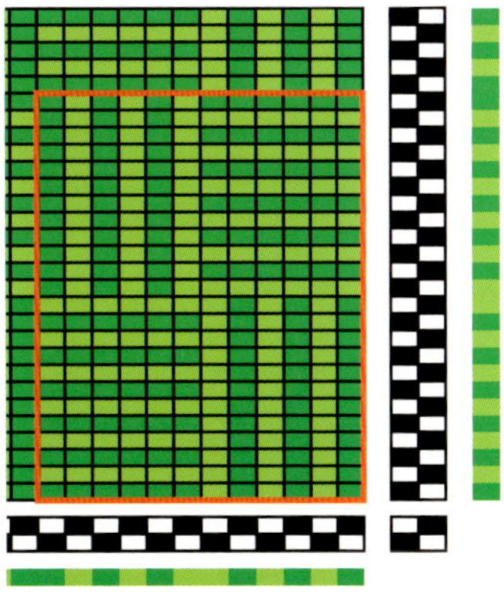

たて糸：（緑1本＋黄緑1本）×3＋（黄緑1本＋緑1本）×3 の繰り返し
緑と黄緑を1段ずつ交互に織る。

【DATA】
たて糸総本数：60本　整経長：120cm
通し幅：30cm　筬目：20羽
よこ糸密度：2段/cm
たて糸：ムラ染め綿布（緑・黄緑）各60g〈裂き幅1cm〉
よこ糸：ムラ染め綿布（緑・黄緑）各20g〈裂き幅1cm〉

畝織り1 （畝網代）

Une-ori 1

畝織り2 （リップス織り）

Une-ori 2

太さの異なる２種類のよこ糸を交互に入れる織り方を畝織りと言います。

ここでは２色の中細綿糸をたて糸に、よこ糸は極細の綿糸と２種類の着物の裂き布を使いました。

この２種類のよこ糸の差は、大きければ大きいほど裂き布が強調されます。

２種類のよこ糸と言っても基本は２枚綜絖の平織り。でも、たて糸のかけ方の工夫次第で、畝織りも網代模様のような柄を出すことができます。

▶ 畝織り1（畝網代）（左）

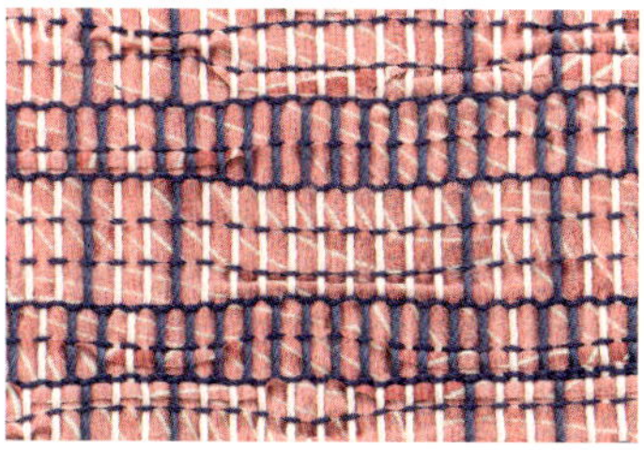

たて糸は、中央17本は紺（A）とピンク（B）1本ずつ交互に、その両脇各21本はABA・BABの繰り返しで3本ずつ、両端各30本はABABA・BABABの繰り返しで5本ずつ交互にかける。
よこ糸は綿糸と布を1段ずつ交互に織る。柄を切り替えるときは綿糸を1段入れる。

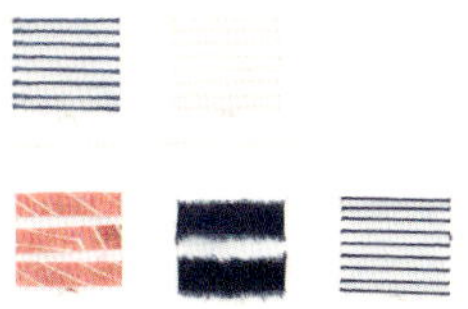

【DATA】
たて糸総本数:119本（紺57本・ピンク62本）
整経長:120cm　通し幅:30cm
筬目:40羽　よこ糸密度:約3段/cm
たて糸:中細綿糸（紺）70m・（ピンク）75m
よこ糸:中細綿糸（紺）40m、綿布（紺）約40g〈裂き幅1cm〉、着物地（ピンク）20g〈裂き幅1cm〉

こちらも太さの異なる２種類のよこ糸を交互に入れて織ってある畝織りです。ただ、よこ糸が隠れるほど密にたて糸をかけている、つまりたて糸しか見えない織り方なので、たて畝あるいはリップス織りなどとも呼ばれます。

たて糸のうち、黄色と茶色の糸は撚りをかけた裂き布です。織るときにたて糸はかなりこすれますが、撚り＋糊付けをすれば切返しのある裂き布でも十分にたて糸として使えます。

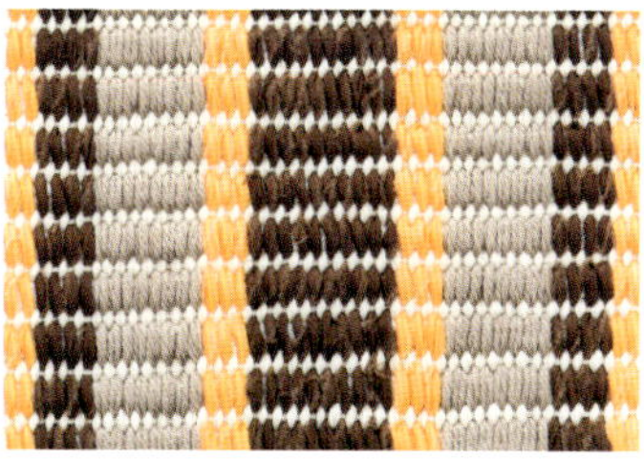

▶ 畝織り2（リップス織り）（右）

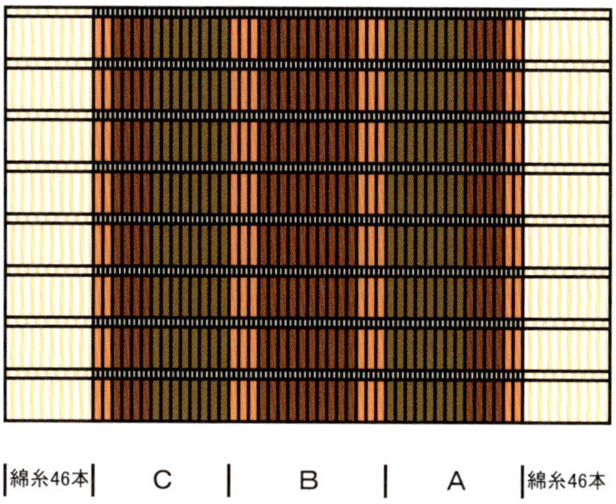

A:（オレンジ1＋アイボリー1）×2＋（茶1＋アイボリー1）×4＋（グレー1＋アイボリー1）×8
B:（オレンジ1＋アイボリー1）×3＋（茶1＋アイボリー1）×10＋（オレンジ1＋アイボリー1）×3
C:（グレー1＋アイボリー1）×8＋（茶1＋アイボリー1）×4＋（オレンジ1＋アイボリー1）×2
よこ糸:メリヤスチューブ1段、中細毛糸1段のくり返し

【DATA】
たて糸総本数:322本（綿糸アイボリー272本・グレー32本・撚り布オレンジ10本・茶8本）、綿糸は2本取り
整経長:120cm　通し幅:30cm
筬目:30羽、丸羽通し
よこ糸密度:極細毛糸+メリヤスチューブ2段/cm
たて糸:綿糸（アイボリー）330m、綿糸（グレー）40m、綿布（オレンジ）30g〈裂き幅1cm〉、綿布（茶）20g〈裂き幅1cm〉
よこ糸:極細毛糸（白）40m、メリヤスチューブ（白）20m

浮き織り1 (よこ糸の浮き織り)

Uki-ori 1

浮き織り2 (たて糸の浮き織り)

Uki-ori 2

たてよこ絹糸の平織りの間に訪問着を裂いて織り込みました。この巾着地自体は２枚綜絖織機でたて糸を４本ずつ拾って織ってありますが、４枚綜絖４枚踏み木の織機であれば花綜絖をセットすることで、拾うことなく踏み順だけでサクサクと織ることができます。

花綜絖は綜絖穴を10cm位に設定したタコ糸の糸綜絖のことで、４枚ある綜絖枠のうち、奥の２枚を平織りとし、手前の２枚の綜絖枠に直接結びつけて花綜絖を設置します。浮かせたい糸は４本ずつまとめて花綜絖を通してから平織りの綜絖に通す、つまり浮かせたいたて糸は二重に綜絖に通します。

花綜絖の穴は10cmあるので二重に通していても平織りの邪魔にはなりません。花綜絖を取り付けた踏み木を踏むと、たて糸が４本ずつ上がるのでその間に裂き布を入れます。

▸ 浮き織り1（よこ糸の浮き織り）（右）

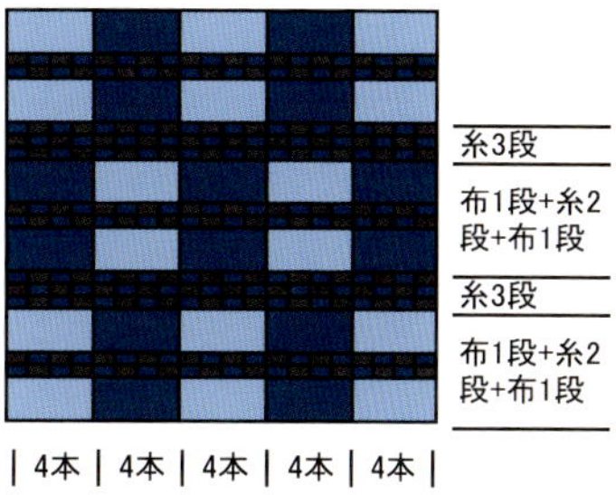

浮き糸は裂き布で、たて糸4本ずつ拾って柄を出す。

【DATA】
たて糸総本数:151本　整経長:120cm
通し幅:30cm　筬目:50羽
よこ糸密度:5段/cm
たて糸:スーピマ綿糸（紺）190m
よこ糸:中細綿糸（紺）100m、着物地（青系柄）25g〈裂き幅1cm〉

〈花綜絖の仕組み〉

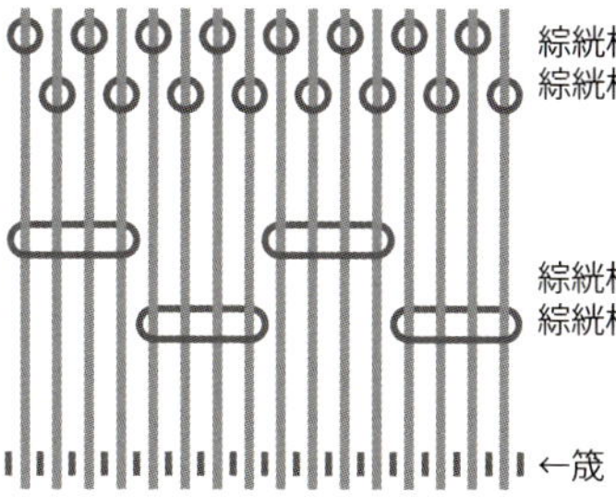

綿糸と、撚りをかけて糊付けした裂き布をたて糸に使い、浮き織りにしました。

たて糸の裂き布は柄部分で、２色の裂き布を交互に５本かけています。よこ糸の浮き織りと違って浮き糸と浮き糸の間に糸が入りません。この浮き織り部分は裏でよこ糸がそのまま渡っているので、あまり大きな柄にしない方がいいでしょう。

▸ 浮き織り2（たて糸の浮き織り）（左）

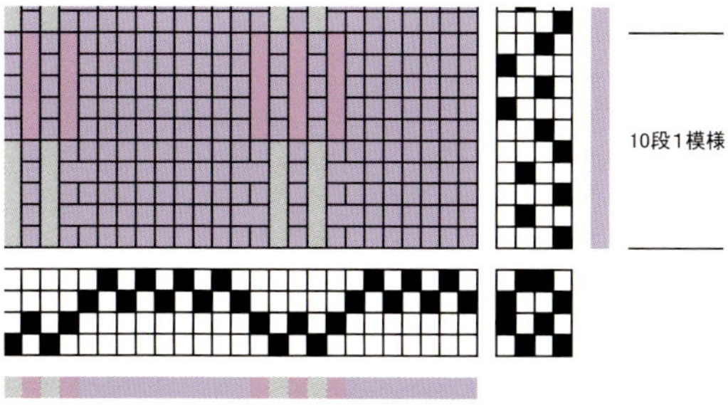

浮き織り部分のたて糸:（裂き布ピンク1＋裂き布グレー1＋裂き布ピンク1＋裂き布グレー1＋裂き布ピンク1＋綿糸9）×8＋裂き布ピンク1＋裂き布グレー1＋裂き布ピンク1＋裂き布グレー1＋裂き布ピンク1

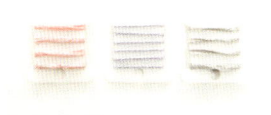

【DATA】
たて糸総本数:151本　整経長:120cm
通し幅:30cm　筬目:50羽　よこ糸密度:5段/cm
たて糸:中細綿糸（紫）130m、綿布（ピンク）30g〈裂き幅1cm〉、綿布（グレー）20m〈裂き幅1cm〉
よこ糸:中細綿糸（紫）100m

浮き織り3（開口の浮き織り）

Uki-ori 3

幅の異なる2種類の裂き布をよこ糸にして、大柄な巾着地を織りました。

42ページの浮き織り1では、たて糸を閉じた状態で浮き糸を入れますが、この巾着地は、たて糸が開口した時の上糸だけをすくって浮き糸を入れます。

浮き織り1では織り地の裏も浮き糸が渡りますが、開口の浮き織りの場合は裏にほとんど響きません。

4枚綜絖織機の場合、この織り方も花綜絖を使って織れないことはありませんが、たて糸1本につき1本の花綜絖が必要となるので効率は良くありません。

平織りで裂き織り地を織っていて、ちょっと変化をつけたくなった時などにこの開口の浮き織りはとても有効です。

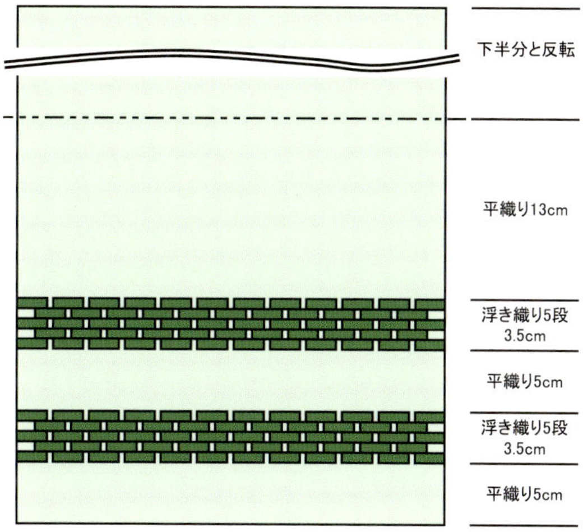

浮き織りは地糸と同じ開口の上糸のたて糸5本を飛ばし、たて糸2本を拾う。

【DATA】
たて糸総本数:145本　整経長:120cm
通し幅:29cm　筬目:50羽　よこ糸密度:3段/cm
たて糸:スーピマ綿糸(草色)175m
よこ糸:小紋着物地(地織)40g〈裂き幅1cm〉、羽二重地(浮き織り)10g〈裂き幅1.5cm〉

織り方

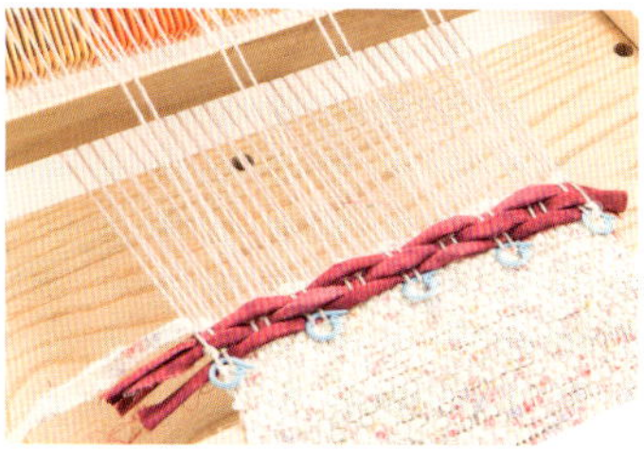

1 地の裂き布で平織りを何段か織った後、たて糸を開口させた状態で上糸だけをたて糸5本飛ばしで2本拾います。

2 その間に広幅の裂き布をはさむように入れます。

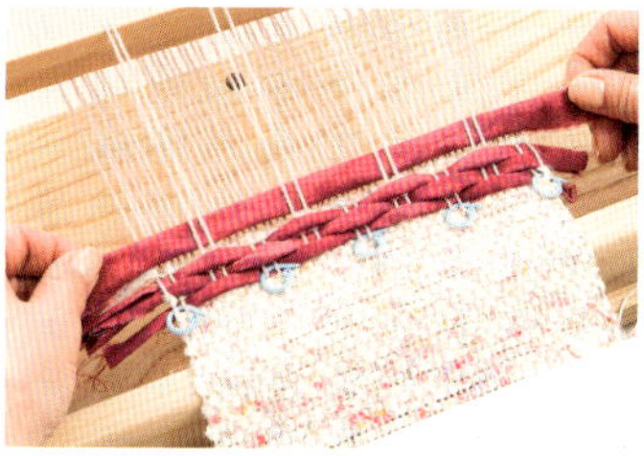

3 幅の広い裂き布なので、折り畳むようにはさむとほつれが目立たず、きれいに収まります。

4 逆の開口で平織りを1段織ります。

5 同じ開口のまま位置をずらし、たて糸5本飛ばしで2本拾います。

スペース織り

Space-ori

隙間を空けてたて糸をかける技法を空羽（アキバ・アキハ）とも呼びます。

２色の裂き布を交互に織るとその空きスペースに見える色が変わり、ブロック状に色分けされたおもしろい柄の裂き織り布になります。

同じ色を２段続けて織るとブロックの色は変わりますが、そのまま平織りで織り進むと、スペースの両脇のたて糸が空きスペースに寄って柄がはっきりしなくなるため、時々押さえのために綟《もじ》り織り（48ページ）を入れるといいでしょう。

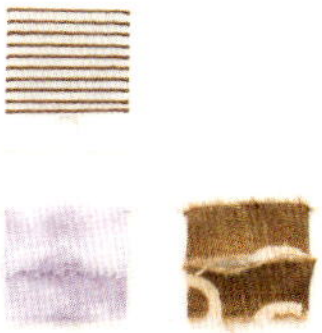

【DATA】
たて糸総本数:70本
整経長:120cm　通し幅:31cm
筬目:40羽　よこ糸密度:4段/cm
たて糸:中細綿糸（茶）85m
よこ糸:ムラ染綿布（薄紫・茶系プリント）各40g〈裂き幅1cm〉

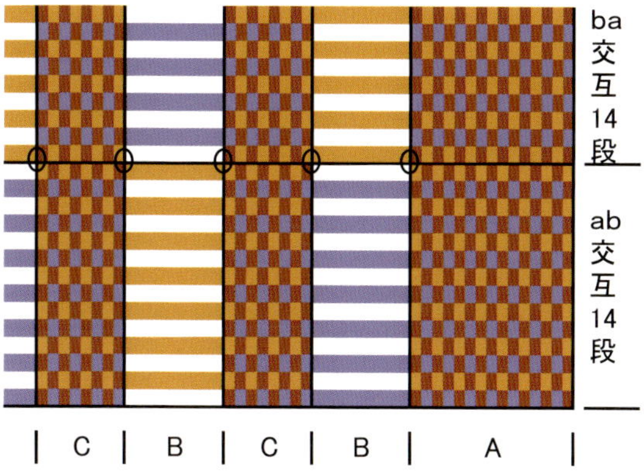

たて糸のかけ方:A+（B+C）×5+B+A
A:綿糸15本、B:空羽9本、C:綿糸8本
パターン切り替えのところ（同じ糸が2段続く段。図○印部分）に綟り織りを入れる。

織り方

1　たて糸はスペースを空けてかけます。よこ糸となる裂き布は2色用意し、2色の裂き布を交互に織ると空けたスペースに出る色が変わります。

2　色を変える時は同じ色の裂き布を2段続けて織ります。その際スペースが縮まらないようスペースの両脇2本を綟り織りにします。

3　上の図の○印が綟りの位置です。

綟《もじ》り織り1

Mojiri-ori 1

たて糸を交差させた間によこ糸を入れて織ることで、透け感のある布に仕上げる技法を綟りと言い、夏の着物の紗・絽・羅などもそれにあたります。

作品の巾着はたてが糸、よこに裂き布を織り込んであります。よこ糸が裂き布でも透かし効果がでるよう、たて糸４本で一組の綟りにしました（図１）。また裂き布に撚りをかけると写真Bのようにたてよこに裂き布を使った綟りができます。こちらは図２の状態です。

またここでは綟りを手で行う方法を紹介していますが、半綜絖・糸綜絖・ビーズなどを使用して、たて糸に仕掛けをつくり、その操作によって捩る方法もあります。

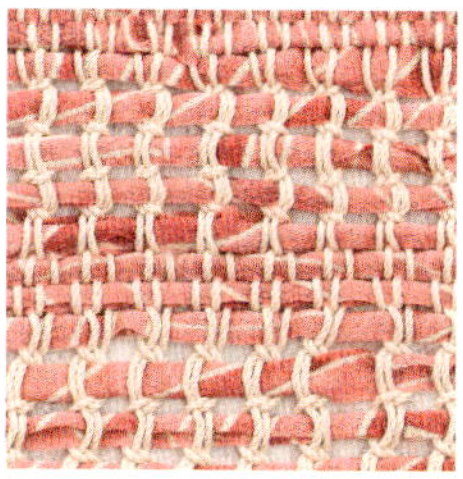

A

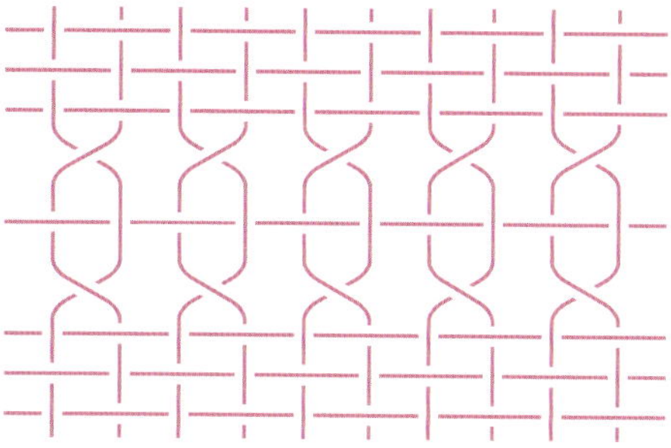

図1

B

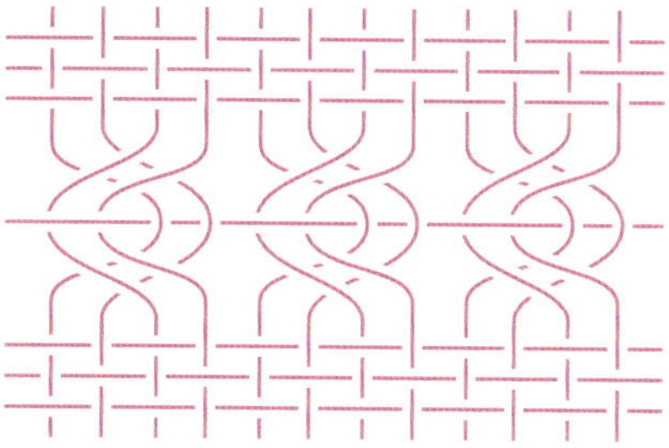

図2

【DATA】
たて糸総本数:152本　整経長:120cm
通し幅:30cm　筬目:50羽
よこ糸密度:平織部3段/cm
たて糸:中細綿糸（生成）190m
よこ糸:着物地（ピンク）50g〈裂き幅1cm〉

織り方

1 4本を一組とし、並ぶたて糸2本ずつを交差させます。

2 交差させた隙間にスティックをたて、よこ糸を入れます。

3 強く打ち込み、その前の段と同じ開口で平織りを入れます。

綟《もじ》り織り2（コインレース）

Mojiri-ori 2

基本的な２本一組の綟《もじ》り織りと、平織り部分をよこ糸でからげる二つの組み合わせでかわいい柄を織り出すコインレース。この巾着では白いフリースの布を切って柔らかさを出しました。

フリースの布はニットなので裂くことはできません。ハサミあるいはカッターで切りますが、その場合は伸びる方向に切りましょう。織っている最中に伸びると扱いにくいので、手で引っ張ってある程度伸ばしきってからシャトルに巻きます。

写真Ａはたてよことも夏糸で織ったコインレースのストールです。

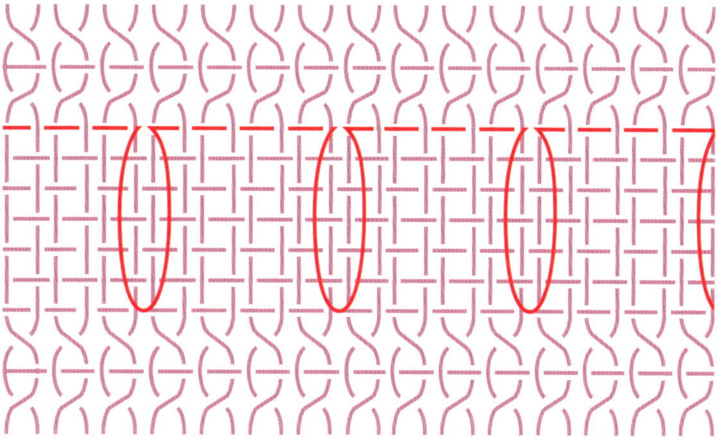

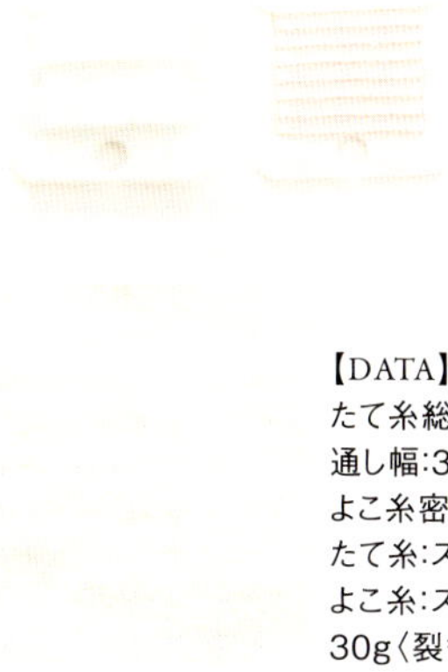

A

【DATA】
たて糸総本数:152本　整経長:120cm
通し幅:30cm　筬目:50羽
よこ糸密度:約4段/cm、コインレース部分3cm/1柄
たて糸:スーピマ綿糸(ピンク)185m
よこ糸:スーピマ綿糸(ピンク)30m、フリース(ストレッチタイプ)30g〈裂き幅1cm〉

織り方

1 49ページの図2の状態で綟りを入れます。平織りで糸を1段織ります。

2 フリースで平織りを3段織ります。

3 次の糸はたて糸8本目のところで表に出し、4段下のところをかぎ針で拾います。

4 3で拾った輪の中にシャトルを通します。

5 糸を引いて締めます。

6 またたて糸8本目のところでよこ糸を出し、同じ作業を繰り返します。

綟《もじ》り織り3（六角綟り）

Mojiri-ori 3

2 本一組の綟りには、右の糸を左の糸の下に持ってくる方向の綟りとその逆があります。

前ページで紹介した綟り織り、コインレースのような綟りは一列同じ方向に綟りますが、六角綟りはたて糸２本ずつで交互に違う方向に綟り、次の段ではずらした位置で綟ります。これを繰り返すことで、織っているときはまっすぐなよこ糸が織機から外して織り地がゆるむとよこ糸同士が寄ります。作品に織り込まれたオレンジの裂き布が斜めに見えるのも寄った状態だからです。裂き布には薄手の布を使うといいでしょう。

写真Ａは六角綟りを糸で織った状態です。右のイラスト図の裂き布部分に糸織りを３段加えます。織機からはずすと糸が寄って六角形に見えます。

【DATA】
たて糸総本数:124本(変わり通し)
整経長:120cm　通し幅:30cm
筬目:50羽　よこ糸密度:3段/cm
たて糸:中細綿糸(茶)150m
よこ糸:中細綿糸(茶)55m・薄手木綿布(茶)50g

A

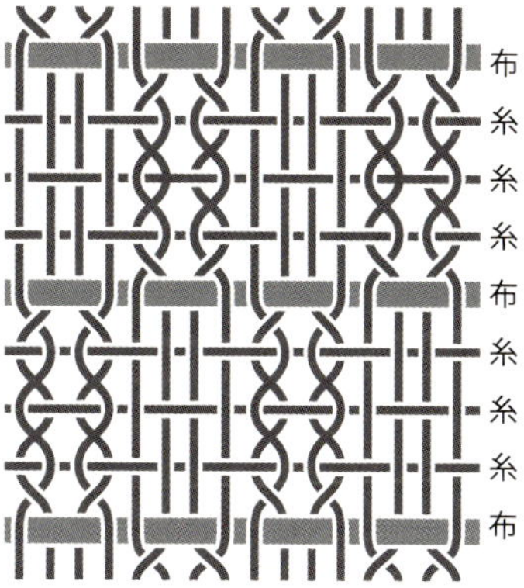

たて糸のかけ方:A+B+A
A:36本、B:1本+空羽1+(2本+空羽1)×25+1本(高機の場合は1+(2.2.1.1)のくり返し+1で綜絖に通す)
よこ糸の入れ方:綿糸3段+布1段のくり返し

織り方

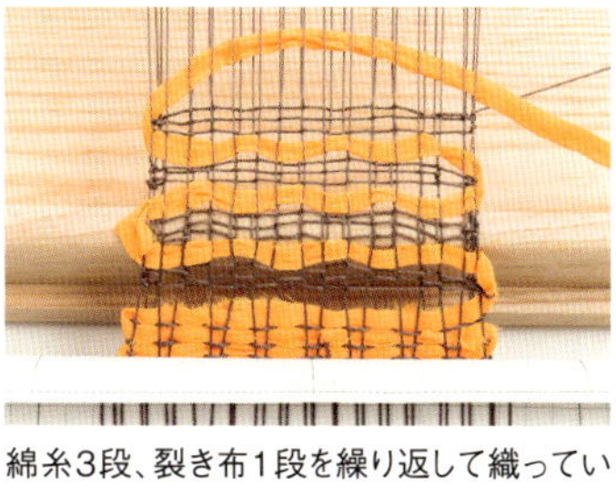

綿糸3段、裂き布1段を繰り返して織っていきます。

column

裂き織りの マットバリエーション

裂き織りと言えば、織ってみたいもののひとつにマットが挙げられます。裂き織りマットについては155ページの北欧の裂き織り事情でも紹介しましたが、ここではTシャツ素材と木綿の布の組み合わせでできるマット織り技法のバリエーションを取り上げました。

マットを織るときによく使われるマット織りは、たて糸の見えない織り方です。細いたて糸に強い打ち込みで裂き布を詰めていくこともできますが、ここでは広幅の時もたて糸の隠れる変わり通しをしています。

❶ 基本のマット織り

たて糸が2本ずつの動きをする変わり通しの通し順を織機別に載せました。紫のTシャツテープで平織りをすると自然と詰まった状態となり、たて糸が隠れます。ところどころアクセントでカラフルな裂き布を加えました。

【たて糸のかけ方】（①②③⑥⑦共通）

卓上織機の場合30羽　変わり通し

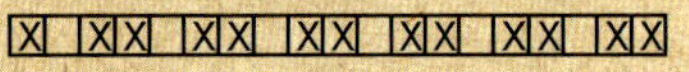

×のところにたて糸を通す

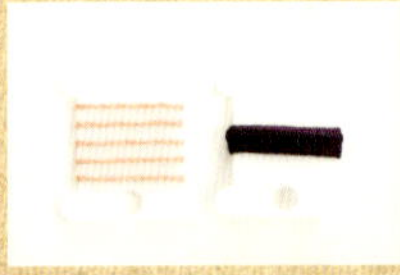

【DATA】
たて糸総本数:44本（42本両端2本取り）
筬目:20羽（卓上織機の場合30羽の変わり通し）
よこ糸密度:Tシャツテープ部分:2段/1cm 綿布部分:2段/0.5cm
たて糸:麻中細糸
よこ糸:Tシャツテープ（紫）、綿布（ピンク・黄色・黄緑・青）〈裂き幅1cm〉

織り方

アクセントの裂き布は織り幅の2.5倍の長さに切り、糸端を1カ所だけ重ねてつなげます。

❷ ラーヌ織り

2色のよこ糸を交互に織って、市松などの幾何学模様を織りだす方法です。たて糸のかけ方は、「❶基本のマット織り」を参照してください。

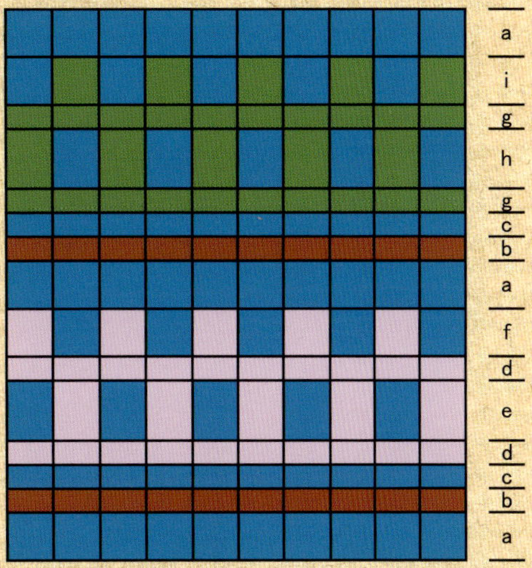

a:青4段、b:茶2段、c:青2段、d:ピンク2段、e:(青1段+ピンク1段)×2+青1段、f:(青1段+ピンク1段)×2、g:緑1段、h:(青1段+緑1段)×2+青1段、i:(青1段+緑1段)×2

織り方

同じ色でよこ糸を2段織ると線になり、2色の糸で交互に織ると市松模様になります。

【DATA】
たて糸総本数:44本(42本両端2本取り)
筬目:20羽(卓上織機の場合30羽の変わり通し)
よこ糸密度:2段/1cm　たて糸:麻中細糸
よこ糸:Tシャツテープ(青)、綿布(茶・グレー・ピンク・緑)〈裂き幅1cm〉

❸ 綴れ織り

綴れ織りと言えば絵柄を出す織り方ですが、ここでは1段に複数のよこ糸を使うときの糸の動きを説明します。表裏どちらも表にする場合は頭合わせと言って、隣り合う2色のシャトル同士は相対する方向から入れます。3色以上になると、シャトルを入れる方向が複雑になってくるので、まずシンプルなデザインから始めるといいでしょう(68ページ綴れ織りも参照)。

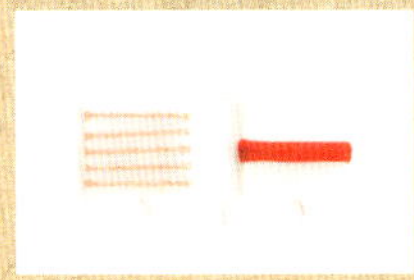

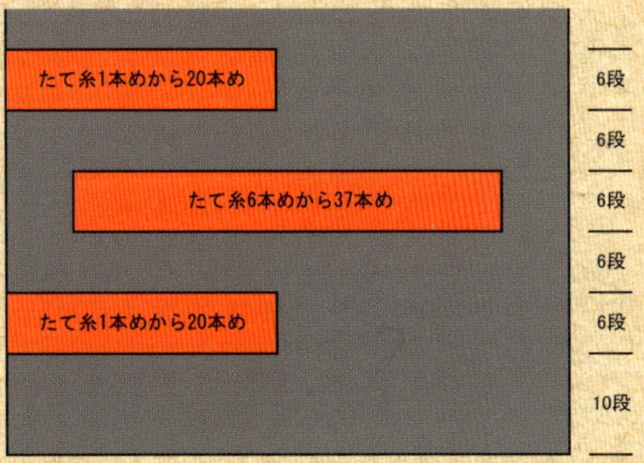

【DATA】
たて糸総本数:44本(42本両端2本取り)
筬目:20羽(卓上織機の場合30羽の変わり通し)
よこ糸密度:4段/1cm　たて糸:麻中細糸
よこ糸:綿布(グレー)〈裂き幅1cm〉、Tシャツテープ(赤)

織り方

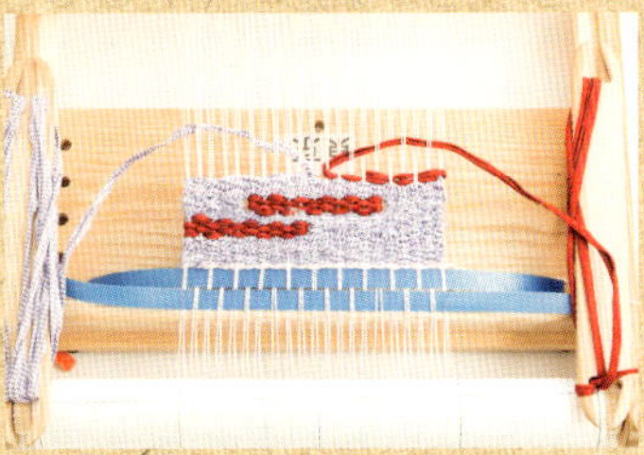

1 表裏を同じにするには2本のシャトルも相対する方向から入れます。

2 3本になった場合も、隣り合うよこ糸は頭と頭、お尻とお尻を合わせます。

❹ バウンド織り
（ブンデンローゼンゴン）

バウンド織りは簡単に言うと、1/3の綾の綴れ織りです。たて糸の通し順は順通しではなく、オーバーショットのような変形山形斜紋です。オーバーショットのローズパス柄と同じ通し順で織るバウンド織りを、バウンドローズパスとも言います。

※バウンド織り　色糸順番表の見方
バウンド織りは4回よこ糸を入れてようやく1列（段）となります。図の下から織りますが、1～2列目は4回とも赤を入れます。3～5列目は①の開口の時に茶を入れ、②③④は赤。6列目は①が茶、②③④は緑と入れると右の図のツリーになります。このツリーは17列×4回＝68回織って一模様になります。

|最後14本（7本2本取り）|16本（8本2本取り）1パターン|

色糸順番表

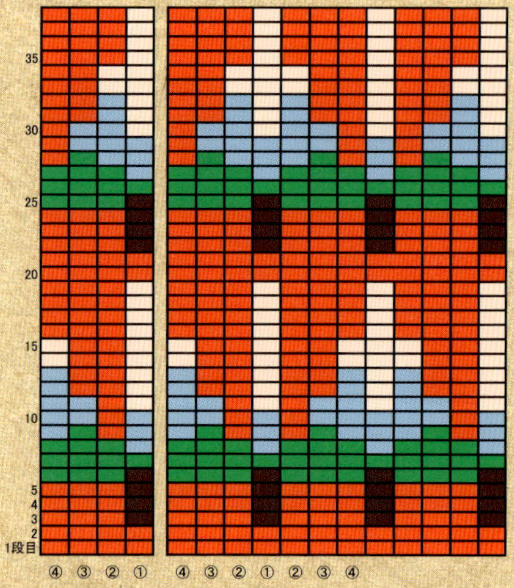

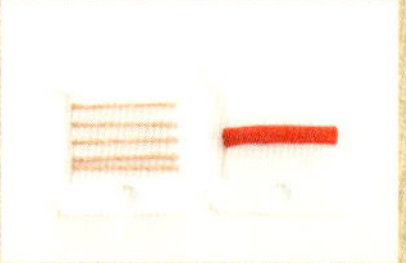

【DATA】
たて糸総本数:48本（46本両端2本取り）
筬目:20羽（卓上織機の場合30羽の変わり通し）　よこ糸密度:4段/1cm
たて糸:麻中細糸　よこ糸:Tシャツテープ（赤）、綿布（茶系・緑系）〈裂き幅1cm〉
※綿布（茶系）は写真になし

❺ 1/3のマット織り

たて糸が1本と3本で動く変わり通しのマットです。三段綴れの場合はよこ糸の段数の違いで2色の色の差を出しましたが、ここではよこ糸が飛ぶ距離の違いで色の差を出しています。三段綴れのように開口を頻繁に変えることなく、普通の平織りで2色を交互に織ると表裏の色の出方が変わります。3本で同じ動きをするたて糸は、より色の強弱をつけるために2本取りにしてあるので、実際の織り目には1本と6本のたて糸が入っています。

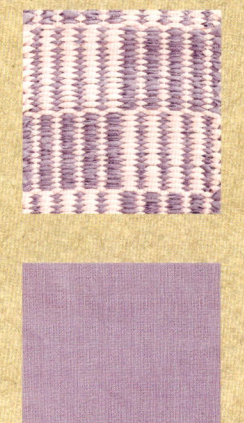

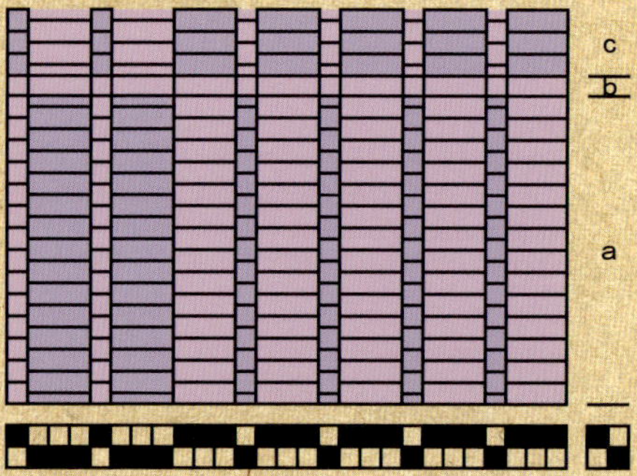

↑3本の部分は2本取りでかける

卓上機の変わり通し

同じ色同士が同じ動きをする
よこ糸の入れ方＝（a＋b＋c＋b）×2＋a＋b＋c
a:（ピンク1段＋薄紫1段）×14＝28段
b:ピンク2段
c:（薄紫1段＋ピンク1段）×14＝28段

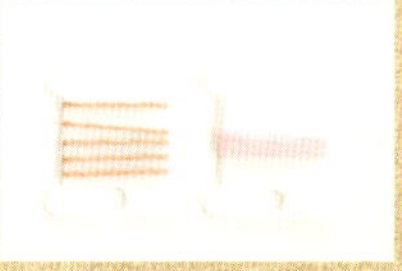

【DATA】
たて糸総本数:68本（2本取り・一部1本取り）
筬目:20羽（卓上織機の場合30羽の変わり通し）
よこ糸密度:2段/1cm　たて糸:麻中細糸
よこ糸:Tシャツテープ（ピンク）、綿布（薄紫）〈裂き幅1cm〉

❻ 三段綴れ

同じよこ糸を開口を変え続けて3段織るので三段綴れと言いますが、実際には2色を交互に織るので4段で1パターンです。

3段と1段とよこ糸の割合が違うためブロック柄になります。ここでは中央から分けた2ブロックにしましたが、ブロック数を増やしたり、幅を変えたりとデザインの応用ができます。

織り方

1 緑のよこ糸は織り幅の半分で折り返し、開口を変えて3段織ります。

2 もう1色も同様です。2色は同じくらいの太さを選ぶといいでしょう。

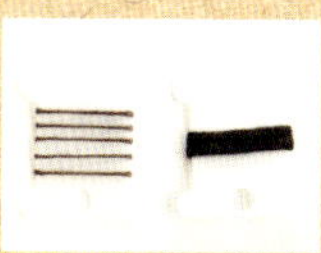

【DATA】
たて糸総本数:44本（42本両端2本取り）
筬目:20羽（卓上織機の場合30羽の変わり通し）
よこ糸密度:2段/1cm
たて糸:麻中細糸
よこ糸:Tシャツテープ（黒）、綿布（緑）〈裂き幅1cm〉
たて糸20本×よこ糸32段で1パターン

❼ スマック織り

平織りのたて糸に飾り糸のよこ糸を絡ませていくパイル織り技法のひとつで、タペストリーや絨毯によく用いられます。そのバリエーションは豊富ですが、ここでは縦方向と横方向の一番基本となるスマックを組み合わせてマットを織りました。

▸ 横方向のスマック

織り方

1 たて糸2本ずつを絡めた輪の中に飾り糸を入れて、織り進みます。

2 中央まで来たら、輪をつくらずに飾り糸を絡めていくと模様の方向が変わります。

▸ 縦方向のスマック

織り方

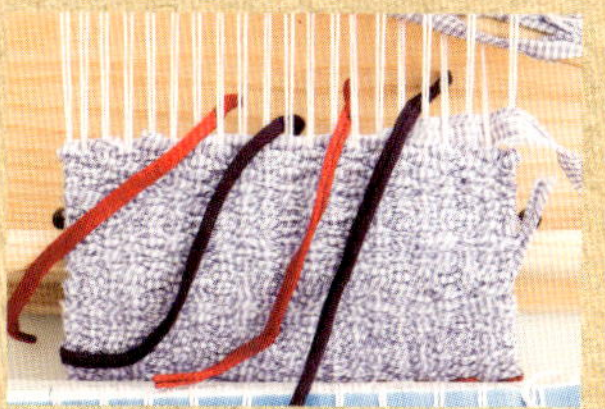

1 飾り糸をたて糸の間に入れ、裂き布で平織りを6段織ります。

2 飾り糸をたて糸に絡ませ、また平織りを6段織ります。

表

裏

【DATA】
たて糸総本数:44本（42本両端2本取り）
筬目:20羽　よこ糸密度:2段/1cm
たて糸:中細麻糸
よこ糸:綿布（薄紫）〈裂き幅1cm〉、Tシャツテープ（赤・紫）

縦スマック

横スマック

【畝網代のTシャツマット】

黄ばんできた下着の白シャツがたまったら、マットを織りましょう。Tシャツの脇から下部分を3等分に切って輪のまま綿糸と交互に織ります。綿糸はシャトル2本に巻き、同じ開口で両方から入れます。古い下着は吸水性がいいので、お風呂場や台所のマットとして最適です。

【DATA】
たて糸総本数:193本(191本の両端2本取り、紺101本・水色92本)
整経長:200cm　通し幅:48cm
筬目:40羽
たて糸:並太綿糸(紺)205m、並太綿糸(水色)185m
よこ糸:Lサイズ Tシャツ(白)17枚(袖下胴体部分を3等分=51本)

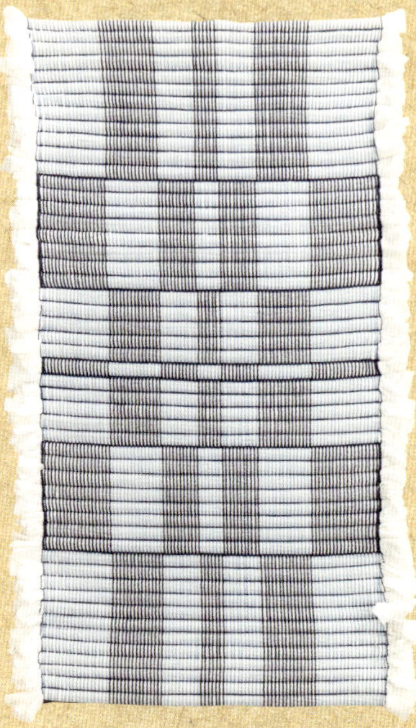

たて糸のかけ方:A+B+C+D+C+B+A
A:(紺1本+青1本)×19+紺1本
B:(紺1本+青1本)×15+紺1本
C:(紺1本+青1本)×10+紺1本
D:(紺1本+青1本)×6+紺1本
よこ糸の入れ方:a+b+c+d+c+b+a
綿糸1段(2本)+Tシャツ1段のくり返し、柄の最後の段は綿糸1段 。
a:Tシャツ12段、b:Tシャツ8段、c:Tシャツ5段、d:Tシャツ1段
織り始めと織り終わりは中細麻糸で各10cm織り、二つ折りにして裏側にかがる。

織り方

1　Tシャツは伸びるので引っ張りすぎないよう緩みを持たせてはさみ入れます。その後、よこ糸はシャトル2本に巻き、同じ開口で両側から入れます。

2　Tシャツははさんであるだけなので糸を折り返すときTシャツを引っかけて耳が緩まないように押さえるのがポイントです。

【カラフルTシャツマット】

たて糸を黒1色にして、カラフルなTシャツを織り込みました。こちらのTシャツは脇から下を4等分にしました。畝網代のマット同様はさんであるだけなのでよこ糸もシャトル2本を使います。

【DATA】
たて糸総本数:193本(191本の両端2本取り)
整経長:200cm　通し幅:48cm
筬目:40羽
たて糸:中細綿スラブ(黒)390m
よこ糸:Lサイズ Tシャツ(10色)10枚(袖下胴体部分を4等分=40本)、中細綿スラブ(黒)30m

よこ糸の入れ方:織り始めと織り終わりは麻糸13cm。
黒2段+茶2段+黄色、みかん色、オレンジ、ピンク、紫、紺、青各1段+緑2段+青、紺、紫、ピンク、オレンジ、みかん色、黄色各1段。ここが中心となるのでそのあとは折り返しのパターンで織る。
Tシャツとスラブ糸を交互に織るが、スラブ糸はシャトル2本に巻いて両側から入れ、Tシャツと絡めながら織っていく。布端はたて糸を玉結びにして、長さ半分に折り返してかがる。

Chapter

3

裂き織りの技法（後編）

よろけ縞／ノット織り／ループ織り／はさみ織り1
綴れ織り／はさみ織り2（開口パターン）
はさみ織り3（ツイストパターン）／模紗織り1
へちま織り／模紗織り2／模紗織り3
キャンバス織り／ななこ織り／斜線織り
吉野織り（たてパターン）／吉野織り（よこパターン）
二重織り／オーバーショット／昼夜織り／クラックル織り
蜂巣織り（ハニーカム）／トルコ朱子織り／ワッフル織り

よろけ縞

Yorokeshima

縞の幅を曲線状に変化させていくよろけ縞は、高機の場合、よろけ筬を使います。一般的な筬は筬目が等間隔でたてに垂直に揃っていますが、よろけ筬は下の写真を見ていただくとわかるように縞ごとに台形になっており、筬目も上下で、幅が異なります。

よろけ筬は筬がまちに設置するのではなく、たて糸にぶら下げた状態で使い、打ち込む位置を筬の台形のどのあたりにするかによってたて縞の幅を変化させていきます。

オープンリード（織り途中でたて糸を外せるタイプ）の織機の場合はよこ糸２段ごとにたて糸の位置を移動させて曲線の縞にします。ここでも簡単なプロセスを載せましたが、詳しくは拙書『手織り大全』（36 ～ 37ページ）をご参照ください。

おさまりよく打ち込めるよこ糸を選ぶのがポイントなので、ここではシルクシフォンの裂き布を使いました。張りのある銘仙などを織り込む場合は裂き布を湿らせてから織るとよいでしょう（107ページ参照）。

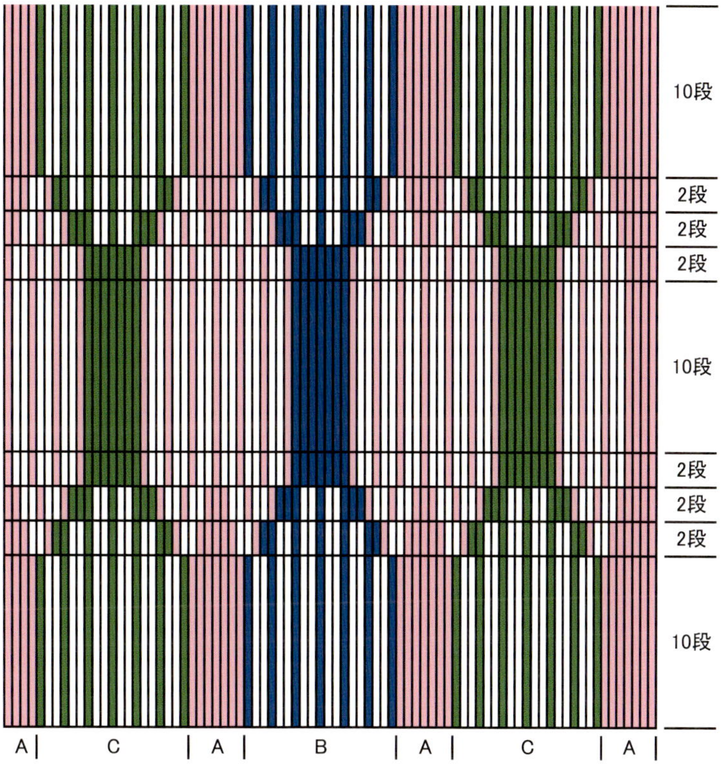

たて糸:（A+C+A+B）×3+A
A=ピンク7本、B=（青1本+2溝空）×6+青1本、C=（緑1本+2溝空）×6+緑1本

【DATA】
たて糸総本数:91本　整経長:120cm
通し幅:30cm　筬目:50羽
よこ糸密度:4段/cm
たて糸:中細綿糸（ピンク）60m、中細綿糸（青・緑）各30m
よこ糸:シルクシフォン（青）60g〈裂き幅1cm〉

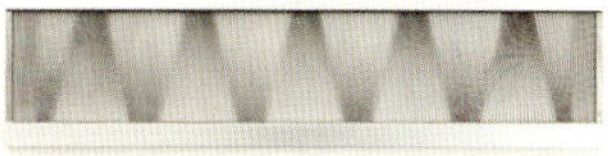

よろけ筬

織り方

1 縞のたて糸の本数は同じですが、通常と2目空けて通す部分と縞ごとに密度の異なる状態でたて糸をかけます。

2 図を基に、平織りを10段織った後、2段ごとにたて糸の位置をずらすことで、中央ピンクの縞が徐々に広がっていきます。

3 縞の幅が逆転したら、また平織りを10段織ります。今度は水色の縞の幅を広くしていきます。

ノット織り

Not-ori

地織りの布から飛び出すような立体感を出す織り技法をパイル織りと言います。

こちらはその中のノット織り・あるいはノッティングというたて糸に別糸を結び付けていく方法です。

本来は絨毯やタピストリーなどに使われる技法ですが、ここでは何種類かの小布やラメ毛糸なども合わせて束ね、飾りとして結びつけました。

シンプルな裂き織り布の織り途中に、ところどころノッティングを混ぜると、タッセルや房飾りのような華やかさも生まれ、小布の使い道にもなるのでぜひ試してみてください。

【DATA】
たて糸総本数:120本　整経長:120cm
通し幅:30cm　筬目:40羽
よこ糸密度:約3段/cm
たて糸:中細綿糸(黒)145m
よこ糸:ムラ染綿布(黒)60g〈裂き幅1cm〉
ノット部:バンダナ、ムラ染木綿、シルクシフォン、毛糸、綿糸など適宜

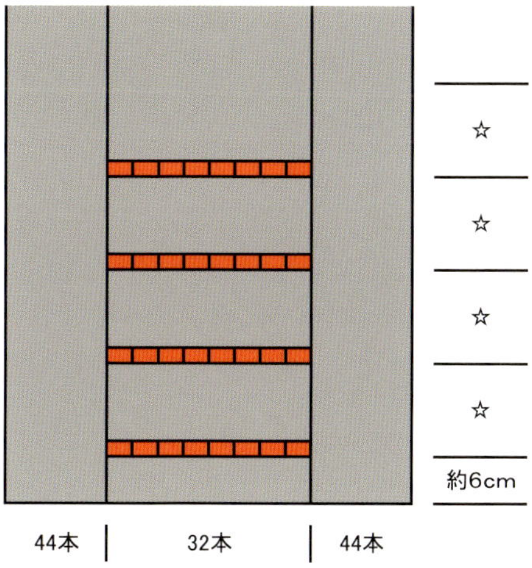

☆:4本一組ノッティング×8回+平織り12段

織り方

1 裂き布の束はあらかじめ必要な長さに揃えておきます。たて糸4本を1組と考え裂き布を結び付けていきます。

2 裂き布の糸端を4本の中央から出し、そのまま織り地方向に引っ張って締めます。

3 1～2を繰り返します。

ループ織り

Loop-ori

ノット織りがたて糸に別糸を絡ませているのに対し、ループ織りははさんだ糸をたて糸の間から引き出し、編み針などに通してループ状にします。

ここではさみ糸として織り込んでいるのはクラフト素材としてよく見かける市販のインドサリーの裂き布。サリーは薄手ですが、強い撚りをかけてあるのでそのままよこ糸にするには固めです。でもルーピングにすると張りがあるしっかりした模様になるのでおすすめです。

ルーピングもシンプルな平織りに変化をつけたいときに効果的な技法です。

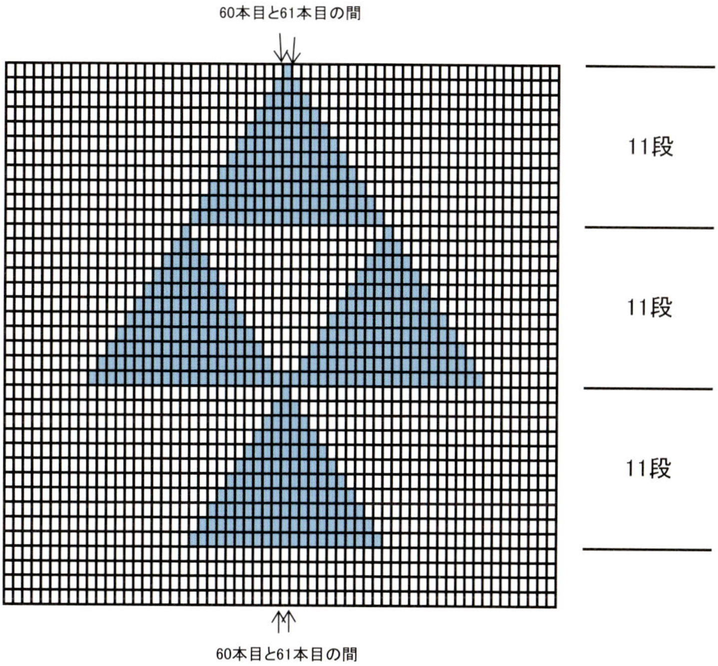

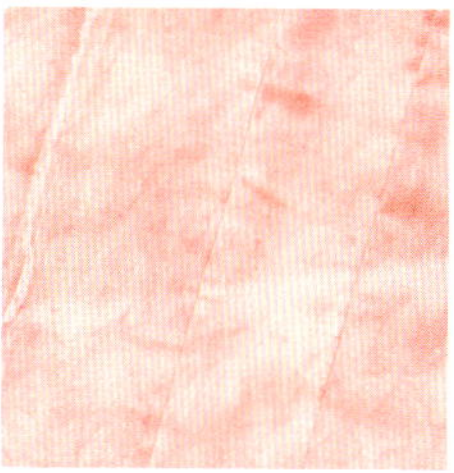

【DATA】
たて糸総本数:120本　整経長:120cm
通し幅:30cm　筬目:40羽
よこ糸密度:約3段/cm
たて糸:中細綿糸(ピンク)145m
よこ糸:ムラ染綿布(ピンク)60g〈裂き幅1cm〉、サリー糸15m
ループ織りは毎段入れる

織り方

1 裂き布の平織りと同じ開口でサリー糸を入れ、ループ状にしたいところで引き出し、編み針に引っ掛けます。

2 続けてループをつくるときは、編み針に引っ掛ける方向が同じになるよう注意しましょう。

3 ループが乱れないように編み棒をさしたままで打ち込み、次のよこ糸を入れてから抜きます。

はさみ織り1

Hasami-ori 1

平織りと同じ開口で別糸をはさみ込んで柄を織るので、はさみ織りです。すくい織りあるいはインレイ(はめ込む、あるいは差し込むといった意味) という言い方もします。

この巾着のたて糸は極細木綿、よこ糸は木綿の裂き布とインドサリー糸で、ループ織り(64ページ) と同じ素材の組み合わせで織ってあります。織り方も多少重複する部分があり、平織りと同じ開口でさし込む糸を入れます。ルーピングの場合は必要な部分ではさんだ糸を引き出してループ状にしますが、はさみ織りの場合ははさんだ糸自体で柄を出します。

141ページのジーンズ工場廃材のマット、143ページのタピストリーも同じ方法で織ってあります。具体的な柄を織り出す方法に綴れなどがありますが、よこ糸だけで柄を出す綴れに比べ、必要な部分だけ糸をはさめばいいはさみ織りの方が取り入れやすいでしょう。

はさみ糸は地の裂き布よりやや太めの糸を選ぶと柄が目立ちます。

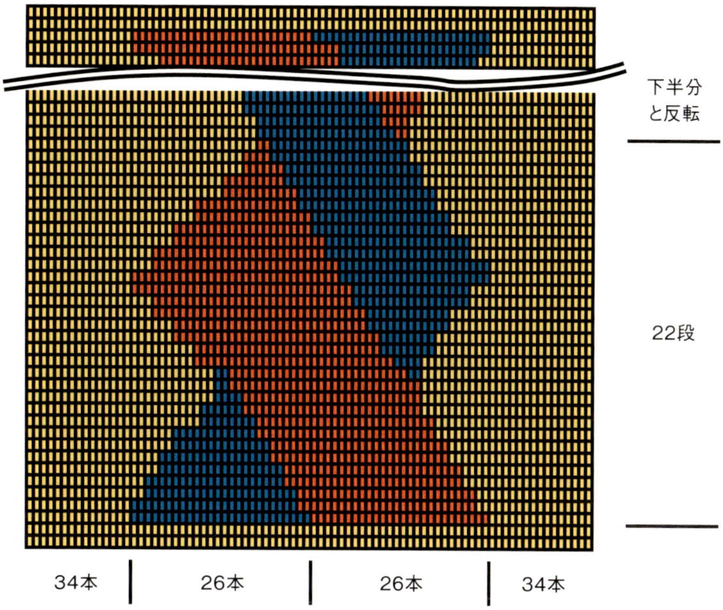

綿布の平織りをしながらサリー糸赤系、青系をはさんでいく。

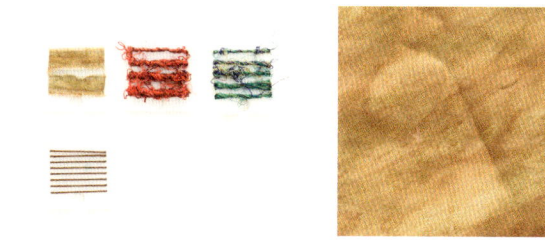

【DATA】
たて糸総本数:120本　整経長:120cm
通し幅:30cm　筬目:40羽
よこ糸密度:3段/cm
たて糸:中細綿糸(茶)145m
よこ糸:ムラ染綿布(薄茶)60g〈裂き幅1cm〉、サリー糸(赤系・青系)適宜

綴れ織り

Tsuzure-ori

綴れ織りとは、たて糸を見せずによこ糸だけで絵織りをする技法ですが、ここでは初心者向けに糸と布を交互に織っていく方法をご紹介します。

一般的に綴れはデザイン画を書き、それをたて糸の下に取り付けて織りますが、慣れないうちはマス目の紙に図として起こすといいでしょう。そのためには前もって織ろうとする糸と布で自分の密度を知るためのサンプル織りが必要です。

また1段に何色ものよこ糸を使う場合、頭合わせと言って、隣り合うよこ糸同士を相対する方向で入れると表裏のない布になりますが、ここでは1段に使うよこ糸は同じ方向から入れています。この方法だと織り布に表裏ができますが、裏の隠れる内袋付の巾着なので問題はありません。

なお、たて糸の見えない綴れ織りについてはマット織り（55ページ）で紹介しています。

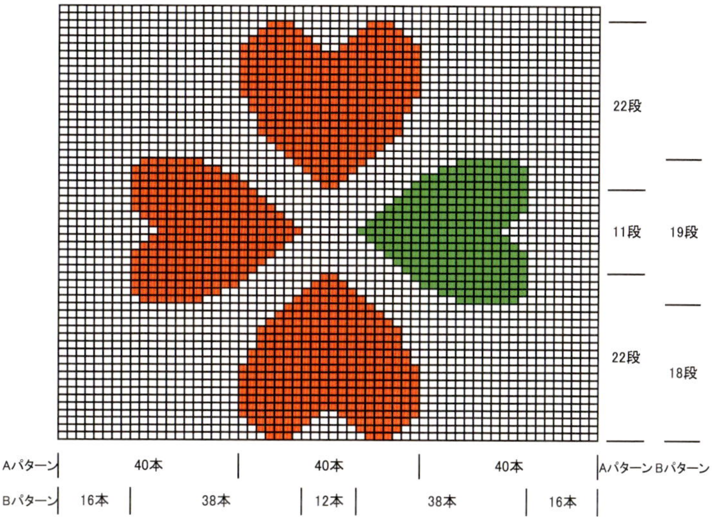

1マス＝たて糸2本。
中細綿糸と裂き布を1段ずつ交互に織る。柄は裂き布の段で作る。

【DATA】
たて糸総本数:120本　整経長:120cm
通し幅:30cm　筬目:40羽
よこ糸密度:約6段/cm
たて糸:中細綿糸（紺）145m
よこ糸:中細綿糸（紺）60m、綿布（紺）50g〈裂き幅1cm〉、綿柄布10g

織り方

1 綴れ織りは1段に何色ものよこ糸を使うので、初心者の場合は同じ方向からよこに入れるといいでしょう。

2 平織りの1段置きに細い綿糸を入れます。

3 それぞれのよこ糸を図柄に合わせて入れ、綿糸の平織りと交互に織って柄を出していきます。

はさみ織り2 （開口パターン）

Hasami-ori 2

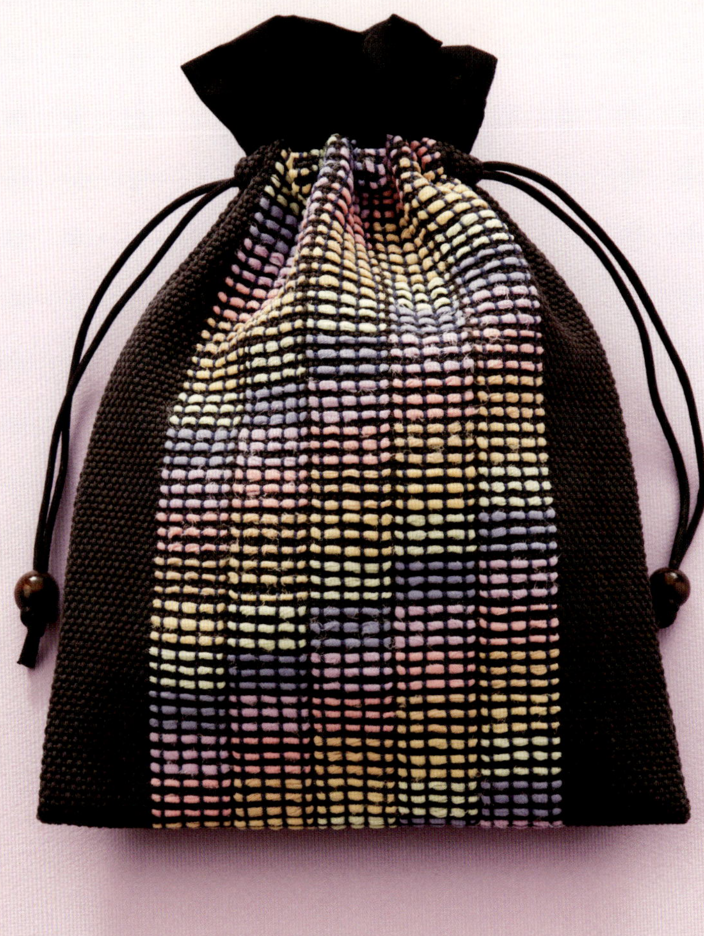

少し変形のはさみ織りです。たてよこの綿糸の地糸にシルクシフォンを裂いたものをはさみ込んでありますが、シフォンの上を渡っている部分のたて糸はブルーの２本取りになっています。平織り２段ごとにたて糸を閉じた状態にし、そのブルーの糸のうちの１本を拾ってその隙間に裂き布をはさみ込んでいます。

このシルクシフォンの裂き布はひと工夫を加えています。まずシルクシフォンは一模様３段分の長さ約15cmに切ってから裂きます。指先で軽く撚りをかけて両端を結び、紙コップなどに輪の状態でかけます。洗濯用のりをスプレーし、乾いてから織り糸とします。もちろん裂いたそのままでも織れますが、ほつれのないきれいな仕上がりになります。のり付けと撚りに関しては裂き織りのコツ（109ページ）を参照してください。

６色のシルクシフォンを使い、３段一模様で色をずらして織ることで階段状のグラデーションにしました。

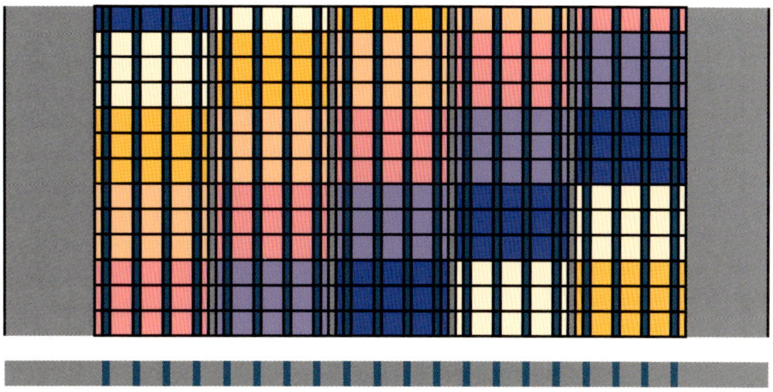

綿糸36本｜（スーピマ綿2本取り1本+中細綿糸3本）×19+スーピマ綿2本取り1本｜綿糸36本
図の青い線の部分がスーピマ綿2本取り

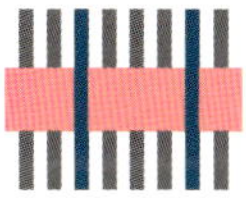

スーピマ綿（青糸）4本分が1ブロック。
スーピマ綿が上糸になるようにシフォンを渡していく

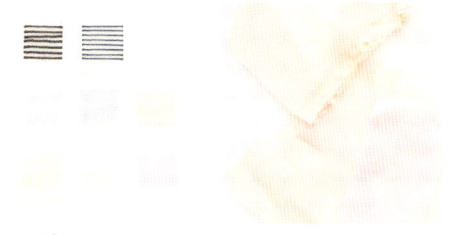

【DATA】
たて糸総本数:169本（中細綿糸129本＋スーピマ綿40本（2本取り））
整経長:120cm　通し幅:30cm　筬目:50羽　よこ糸密度:4段/cm
たて糸:中細綿糸（グレー）160m、スーピマ綿（青）50m
よこ糸:中細綿糸（グレー）80m、シルクシフォン（6色）各5g〈裂き幅1cm〉

上から裂いてそのまま織った場合、撚りをかけて織った場合、のり付けして織った場合。ひと手間かけるときれいに仕上がります。

織り方

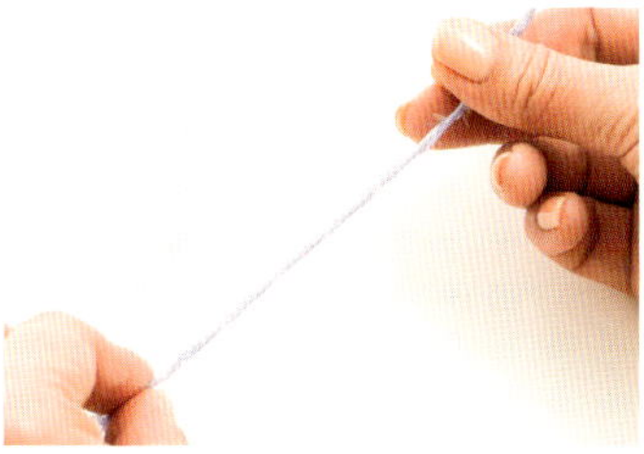

1　シルクシフォンは3段分15cm程度に切ってから裂き、指先で軽く撚りをかけ両端を結んで輪にします。

2　紙コップなどに裂き布を通し、スプレーのりをかけます。

3　平織り2段の後、2本取りになっているうちの青の糸を拾い、その間に裂き布を織り込みます。

はさみ織り3（ツイストパターン）

Hasami-ori 3

裂き織り地に網目のような柄でTシャツ地を織り込むツイストパターンも、変形のはさみ織りです。たて糸の両端と図の中の○印の４本がたて糸の間にTシャツ地を通す部分です。

ここではほつれがないという意味でTシャツを選びましたが、Tシャツ地の場合かなり伸び縮みするので、引っ張らずにはさみ、たっぷりとした緩みを持たせておかないと織り地自体がゆがむので注意しましょう。

Tシャツ地の代わりに太めの変わり毛糸などをはさみ糸にしてもいいでしょう。簡単でありながら大胆な柄を表現できるので、ぜひ一度お試しください。

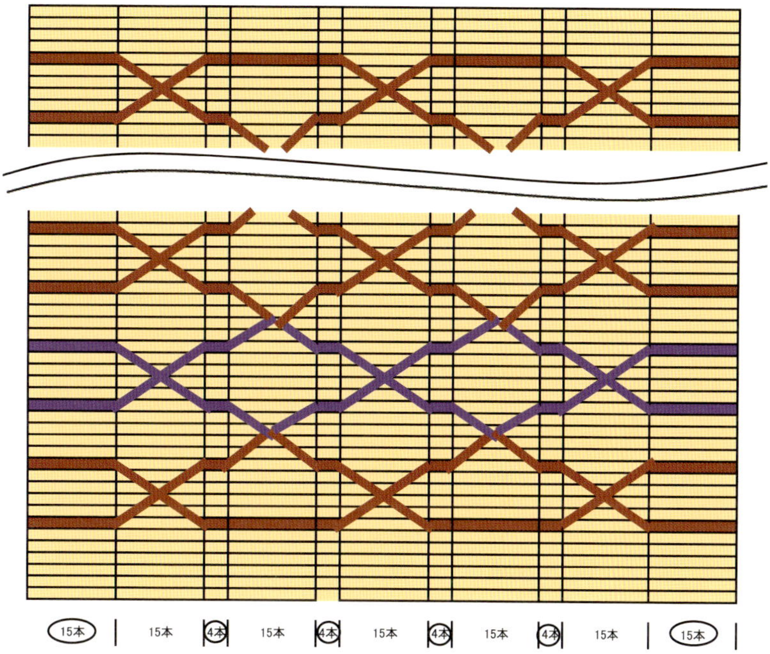

ツイストパターン／茶・紫・茶・紫・茶・紫・茶 ＝ 計7パターン

【DATA】
たて糸総本数:121本　整経長:120cm
通し幅:30cm　筬目:40羽
よこ糸密度:3段/cm
たて糸:中細綿糸（茶）150m
よこ糸:ムラ染綿布（オレンジ）60g〈裂き幅1.5cm〉、Tシャツテープ（紫・こげ茶）各10g

織り方

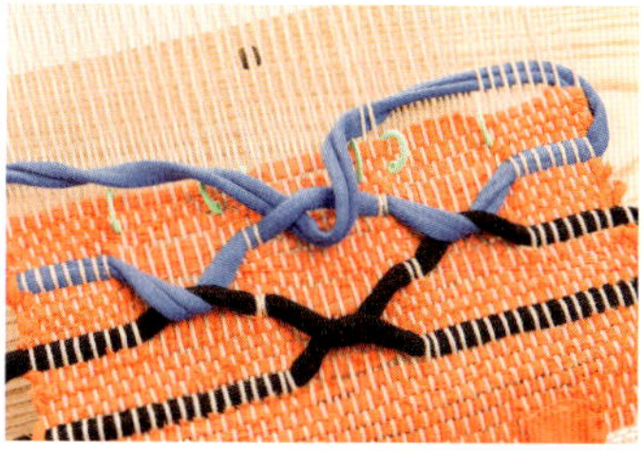

1 Tシャツ地をたて糸の間に通すのは図の○印の部分だけです。

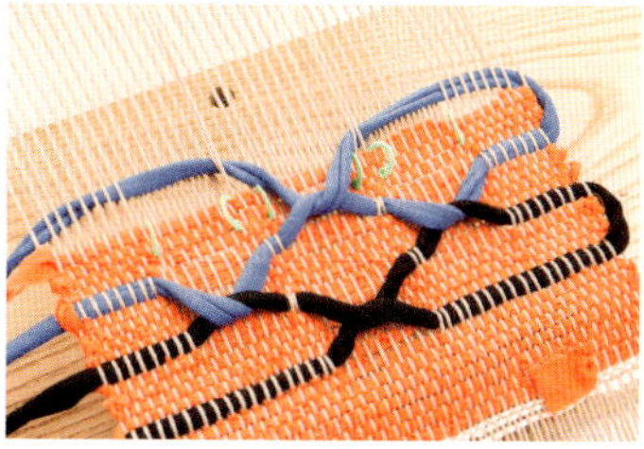

2 図の中の○と○の間を渡るよこ糸はたっぷりと緩みを持たせましょう。

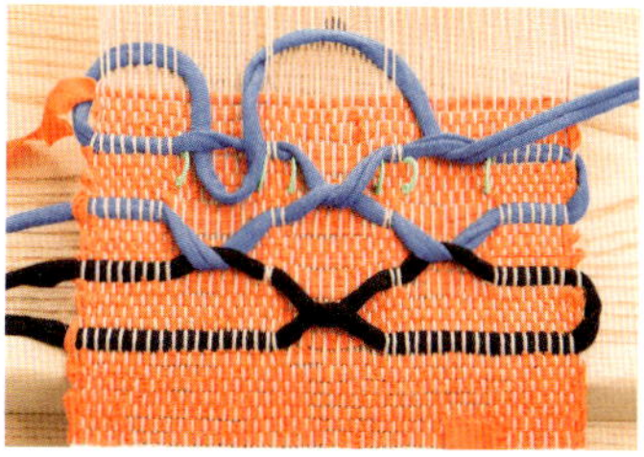

3 平織りを5段織った後、地は前の模様のTシャツ地が長く渡っているところの下を通してからよこ糸に戻ります。

模紗織り1

Mosha-ori 1

へちま織り

Hechima-ori

48ページで綟《もじ》り織りを紹介しました。綟り織りは紗ともいい、模紗織りは読んで字のごとく、実際に綟ってはいないけれど隙間の出る織り方の総称です。ハック織り、あるいはハックレースとも言います。

高機の場合、模紗織りの隙間を強調するために、筬に入れるたて糸の本数に変化をつける方法があります。この織り布の実質的な密度は20羽ですが、30羽の筬に丸羽1、空羽2で通しています。たてよこに撚りをかけた裂き布を使ったので、隙間と共に立体感のある裂き織り布になりました。

▸ 模紗織り1（右）

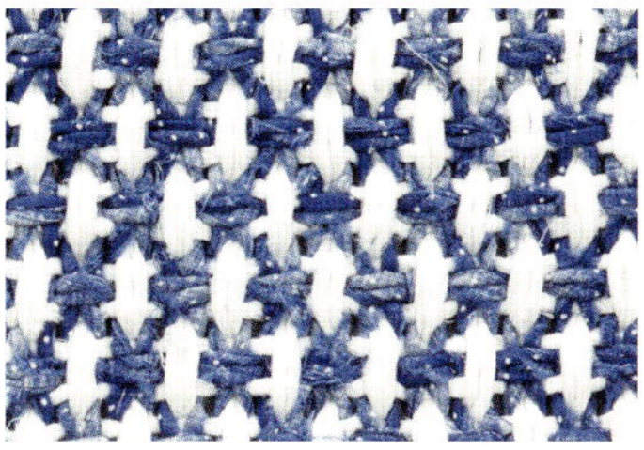

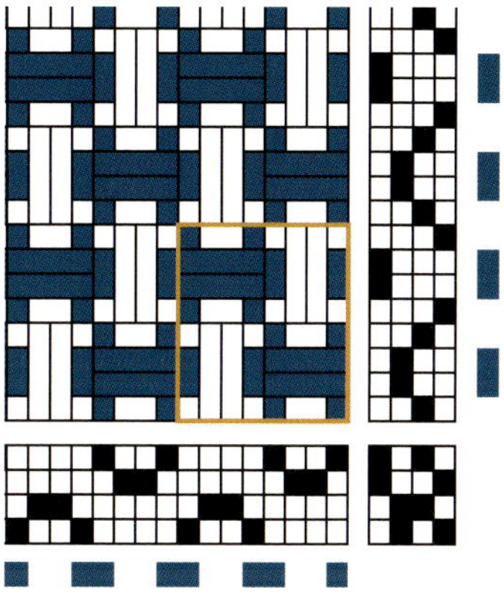

たて糸:青1本＋（白2本丸羽＋空羽2＋青2本丸羽）×20

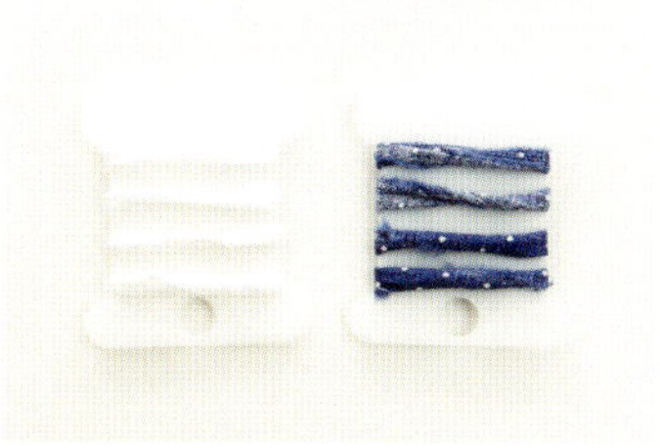

【DATA】
たて糸総本数:81本（綿布青41本・白40本）
整経長:120cm　通し幅:30cm
筬目:20羽（30羽筬を使用）
よこ糸密度:3段/cm
たて糸:綿布（青・白）各50m〈裂き幅1cm〉
よこ糸:綿布（青・白）各25g〈裂き幅1cm〉

へちま織りは変形の模紗織りです。ここでは2種類の布と3種類の糸を使って小花柄を織り出しました。

たて糸のシルクシフォンは裂いたそのままで使っているのでたて糸の長さ分の布が必要です。よこ糸の木綿の裂き布はそのまま花びらの大きさとなるため、太めに裂いてあります。

たてよこ糸にはヒカリモノ素材を使い、材料の組み合わせに難航した分、納得のいく織り地になりました。

▸ へちま織り（左）

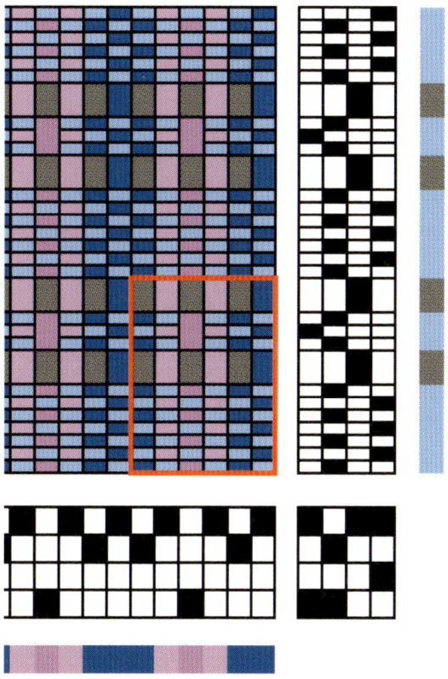

たて糸のかけ方:綿糸5本＋A×13＋シルクシフォン1本＋ラメ糸ピンク1本＋シルクシフォン1本＋綿糸5本
（A＝シルクシフォン1本＋ラメ糸ピンク1本＋シルクシフォン1本＋中細綿糸紺3本）
ラメ糸7段＋柄織5段の繰り返し。ラメ糸の平織り部分は打ち込みを強めに、柄織り部分は弱めにすることで花のような柄が強調される。

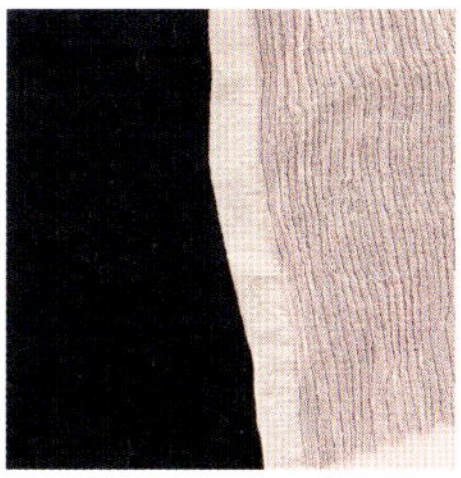

【DATA】
たて糸総本数:91本（中細綿糸紺49本＋シルクシフォンピンク28本＋ラメ糸ピンク14本）
整経長:120cm　通し幅:30cm　筬目:30羽
よこ糸密度:糸部分8段/cm、柄部分1柄（5段）/cm
たて糸:中細綿糸（紺）60m、シルクシフォン（ピンク）25g〈裂き幅1cm〉、ラメ糸（ピンク）20m
よこ糸:ラメ糸（紺）30g、綿布（紺）30g〈裂き幅1㎝〉

模紗織り2
Mosha-ori 2

模紗織り3
Mosha-ori 3

この2点の模紗織りの組織図をたてよことも糸で織った織り地が下の写真Aです。本来模紗織りは糸が寄り、綟《もじ》っていないのに透かし柄に見える織り技法です。この2点の巾着は写真Aと同じ6段で一模様の模紗織りですが、一部に糸を入れる代わりに裂き布を入れました。

そして裂き布を入れる段を変えることで、異なる柄に見える織り地にしました。

裂き布をよこ糸にしたため、たてよこ糸で織った模紗織りのような透かし柄にはなりませんが、4枚綜絖でできる新たな裂き織り柄のように感じられます。よこ糸の裂き布は、148ページのアバンティでいただいたオーガニックコットンを使用しています。

A

▶ 模紗織り2(上)

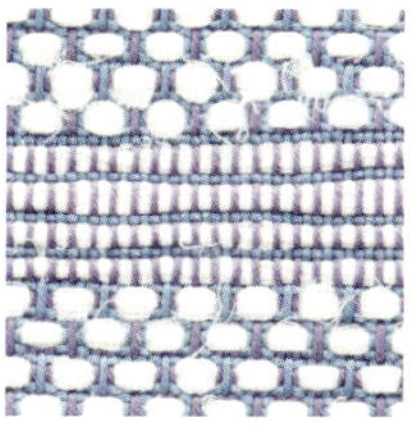

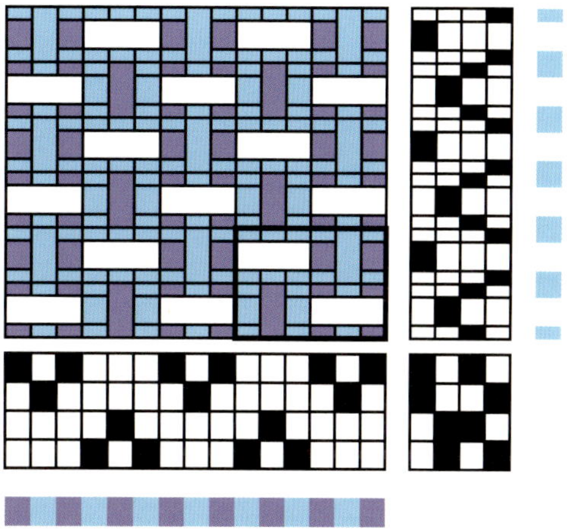

薄紫1本+(水色1本+薄紫1本)×75

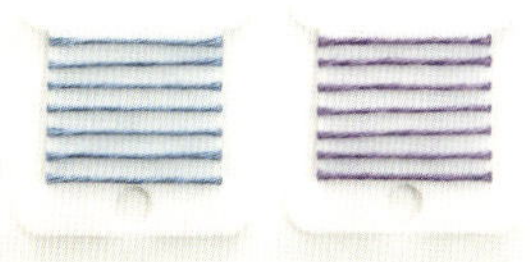

【DATA】
たて糸総本数:153本(水色77本・薄紫76本)
整経長:120cm　通し幅:30cm
筬目:50羽　よこ糸密度:5段/cm
たて糸:中細綿糸(水色・薄紫)各95m
よこ糸:中細綿糸(水色)45m、オーガニックコットン40g

▶ 模紗織り3(下)

黄色1本+(草色1本+黄色1本)×75

【DATA】
たて糸総本数:151本(黄色76本・草色75本)
整経長:120cm　通し幅:30cm
筬目:50羽　よこ糸密度:5段/cm
たて糸:中細綿糸(黄色・草色)各95m
よこ糸:中細綿糸(黄色)45m、オーガニックコットン40g

キャンバス織り

Canvas-ori

ななこ織り

Nanako-ori

並太の綿糸とムラ染めの裂き布という同じ素材を、たてよこに使用しているため、並んでいると似たような雰囲気を持つ２点の巾着ですが、その織り技法は全く異なります。

グレーの巾着はキャンバス織りで、これも一種の模紗織りです。74ページの模紗織り１と同じで筬にたて糸を通す段階で２本一緒に引き揃え、その脇を空羽に通すなど、はじめから糸を寄せてたて糸をセットします。そのためラフな織り地になるのが特徴です。

ピンクの巾着はななこ織りです。平織りはたてよことも１本ずつ交互に組み合わさっていますが、ななこ織りはたてよことも複数本による拡大の平織りです。ここでは裂き布との太さを揃えるため綿糸は２本取りにしました。

２点ともたて糸に裂き布を使っていますが、その長さがなかったため縫い合わせてつなげました。裂き布をたて糸にするときの縫い合わせのポイントは２カ所縫うことです（裂き織りのコツ110ページを参照）。

▸ キャンバス織り（左）

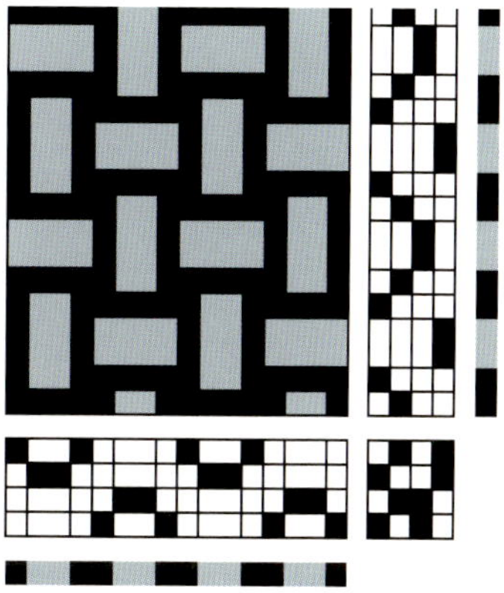

綿糸1本＋（綿布1本＋綿糸2本）×24＋綿布1本＋綿糸1本
綿糸2段+綿布1段の繰り返し。

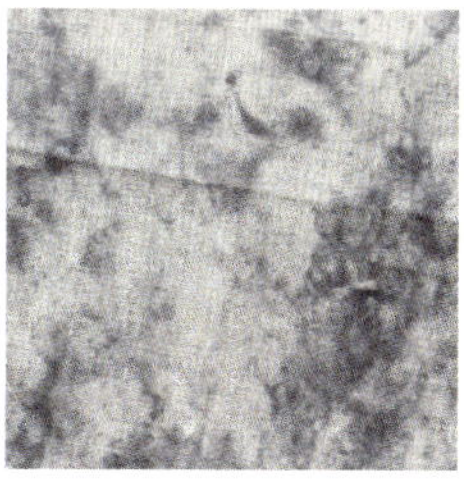

【DATA】
たて糸総本数:75本（綿糸50本・綿布25本）
整経長:120cm　通し幅:30cm　筬目:25羽
よこ糸密度:5段/cm（綿糸2段＋綿布1段＋綿糸2段の5段）
たて糸:中細綿糸（黒）60m、ムラ染め綿布（グレー）30g〈裂き幅1cm〉
よこ糸:中細綿糸（黒）60m、ムラ染め綿布（グレー）30g〈裂き幅1cm〉

▸ ななこ織り（右）

たて糸:（綿糸2本取り4本＋綿布4本）×7＋綿糸2本取り4本

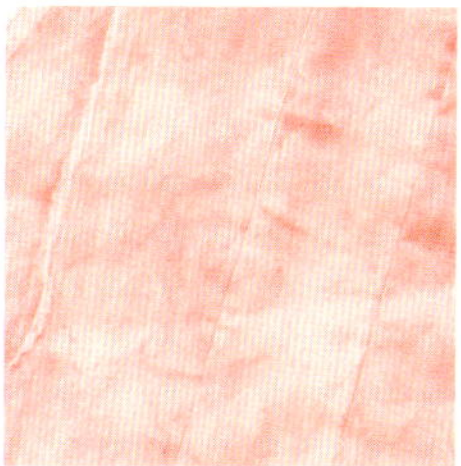

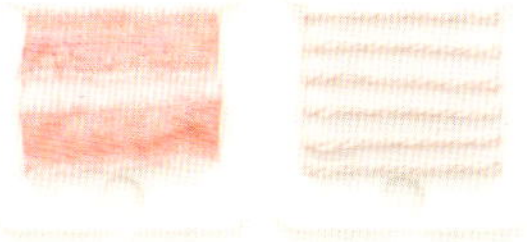

【DATA】
たて糸総本数:92本（綿糸64本（2本取で32本）＋綿布28本
整経長:120cm　通し幅:30cm　筬目:30羽
よこ糸密度:3段/cm
たて糸:並太綿糸（ピンク）80m、ムラ染綿布（ピンク）20g〈裂き幅1cm〉
よこ糸:並太綿糸（ピンク）60m、ムラ染綿布（ピンク）30g〈裂き幅1cm〉

斜線織り

Shasen-ori

紅絹（もみ）の赤と柔らかさを生かす織り地と考え、斜線織りで巾着をつくりました。

斜線織りは織り途中でたて糸の外せるオープンリードの織機で織ります。２色のたて糸を交互にかけ、隣り合う色違いのたて糸を変えることで柄を出していきます。畝織りの一種なのでよこ糸には紅絹の裂き布と極細毛糸を交互に織りました。

裂き織り地に毛糸？　と思われるかもしれませんが、ウールは柔軟性があるので畝織りの細い糸やタビー糸に使用すると、裂き布の柄が効果的に浮かびます。

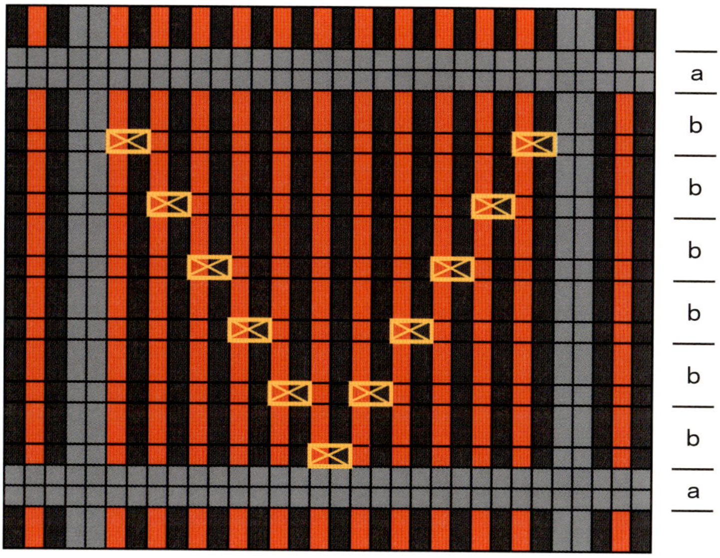

たて糸の通し方:A+B+A
A=黒1本･赤1本の順で26本
B=ラメ2本+（黒1本･赤1本の順で22本）×4+ラメ2本
よこ糸の入れ方:a+b×6+a=1パターン
a=ラメ糸2段
b=たて糸をクロスして糸1段+布1段
織り始めと織り終わりの平織り部は上糸が黒の時に紅絹を入れ、糸で終わる。

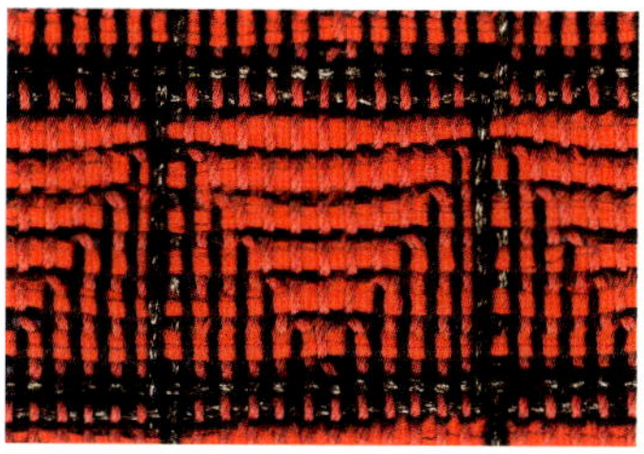

【DATA】
たて糸総本数:150本（スーピマ綿黒70本･赤70本･ラメ糸黒10本）
整経長:120cm　通し幅:30cm
筬目:50羽　よこ糸密度:3段/cm
たて糸:スーピマ綿（赤･黒）各85m、ラメ糸（黒）15m
よこ糸:中細毛糸（黒）10g、ラメ糸（黒）5g、紅絹20g〈裂き幅1.5cm〉

織り方

1　たて糸に赤と黒の綿糸を交互にかけたので、平織りの開口をすると上糸が赤または黒1色になります。

2　たて糸を閉じた状態で縞の中央の2本のたて糸を交換します。これにより、上糸の赤い縞に黒糸が1本混ざりました。

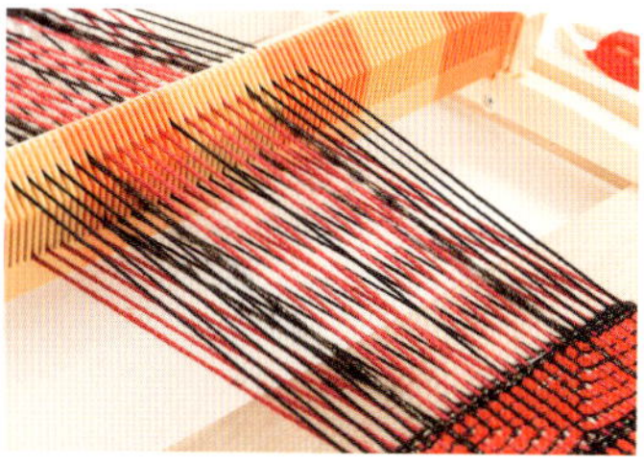

3　たて糸を変えたら極細毛糸、紅絹の順で平織り2段を織ります。たて糸の色をブロックの端まで2段おきに変えていきます。

吉野織り（たてパターン）
Yoshino-ori (Tate-pattern)

吉野織り（よこパターン）
Yoshino-ori (Yoko-pattern)

吉野織りは、1枚の布の中に平織りと浮き織りが混ざっている織り方でエムズ アンド オウズの呼び方でもよく知られています。

よこ糸が飛ぶよこ吉野織りと、たて糸が飛ぶたて吉野織りのほか、たてよこ吉野織りもありますが、本書の組織織りは4枚綜絖織機でできる範囲に限定したので、ここではたて吉野織りとよこ吉野織りをご紹介します。

よこ吉野織りの巾着はたて糸にシルク、よこ糸はシルクシフォンの裂き布を使用し、ほつれを抑えるために軽く撚りをかけてあります。繊細な印象のある織り地にするには細く裂ける布を選ぶといいでしょう。

たて吉野織りの巾着のたて糸は、綿糸と撚りをかけた木綿の裂き布で交互にかけてあります。たてに裂き布が飛んでいる部分を裏側から見ると糸が渡っていますが、裂き布だけのたて糸にすると厚みのある織り布になるので綿糸と交互にしました。

柄をくっきり出すには裂き布よりやや細めの綿糸を選ぶといいでしょう。

▸ 吉野織り（たてパターン）

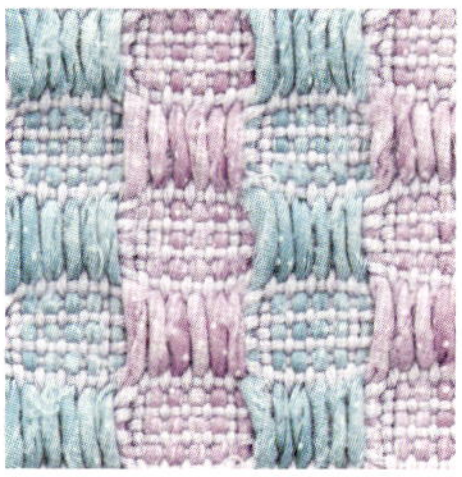

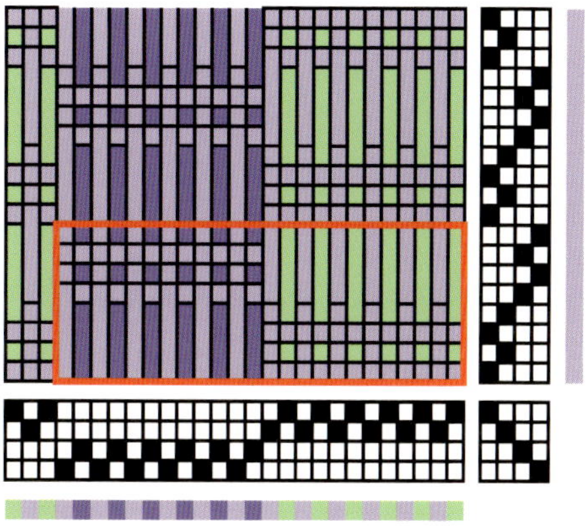

【DATA】
たて糸総本数:150本
整経長:120cm　通し幅:30cm
筬目:50羽　よこ糸密度:4段/cm
たて糸:スーピマ綿糸（紫）90m、綿布（青・紫）各30g〈裂き幅1cm〉
よこ糸:スーピマ綿糸（紫）75m

▸ 吉野織り（よこパターン）

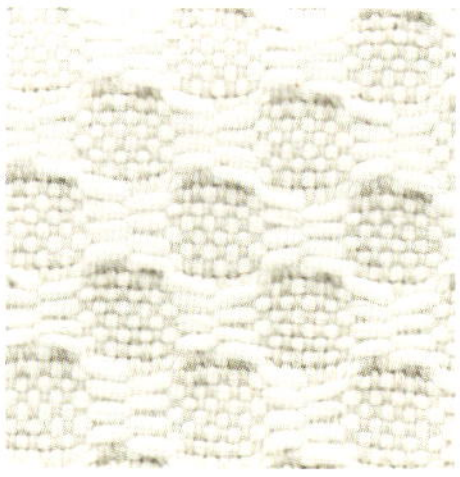

【DATA】
たて糸総本数:150本
整経長:120cm　通し幅:30cm
筬目:50羽　よこ糸密度:4段/cm
たて糸:中細シルク（淡緑）180m
よこ糸:シルクシフォン（白）100g〈裂き幅1㎝〉

二重織り

Nijyu-ori

二重織りは4枚綜絖織機で織る織り方ですが、ここでは紺の裂き織り地と赤いラメ糸織りの色のコントラストを出すため、部分的にピックアップで模様織りを加えました。

二重織りは卓上織機でも比較的簡単に織ることができます。卓上織機の場合は二重織りにしたい部分だけ、たて糸を2本取りで通します。普通に開口をさせて織るとその部分のたて糸だけ2本取りの平織りですが、2本のうちの1本を拾ってタコ糸を通して開口すると、4層構造のたて糸になり、上下の層にそれぞれよこ糸を入れると二重織りになります。

この二重織りの巾着はたて糸は赤と紺の極細綿糸、よこ糸は紺の木綿地の裂き布と二重織り部分はラメの混じった変わり糸を入れて華やかさを出しました。

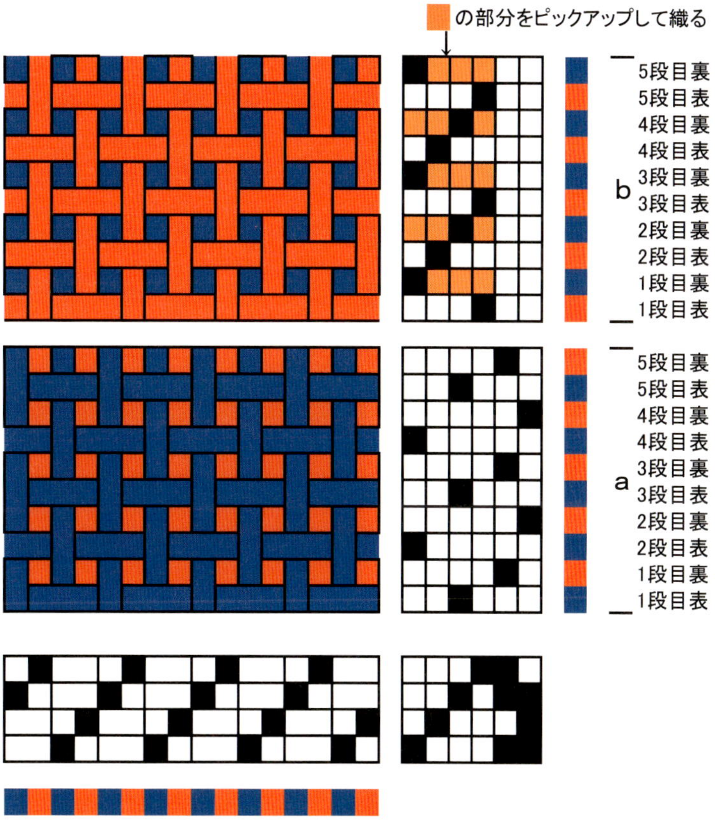

a:紺のたて糸のみが見える部分　b:赤のたて糸のみが見える部分
高機で織る場合はタイアップの通りの踏み順で、bは赤の糸が上糸になるように拾って織る。
卓上織機で織る場合は下のプロセス写真を参照。

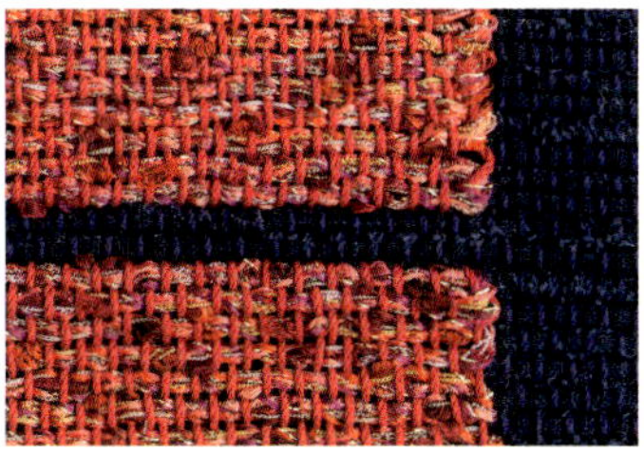

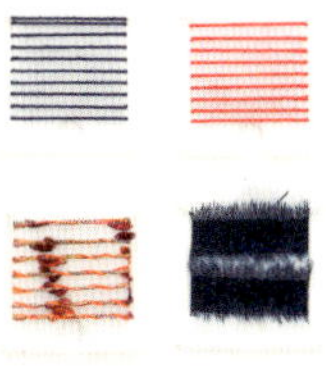

【DATA】
たて糸総本数:198本　整経長:120cm　通し幅:30cm　筬目:50羽
よこ糸密度:約3段/cm　たて糸:中細綿糸(紺)185m
よこ糸:綿布(紺)50g〈裂き幅1cm〉、変わり糸(赤)55m

織り方

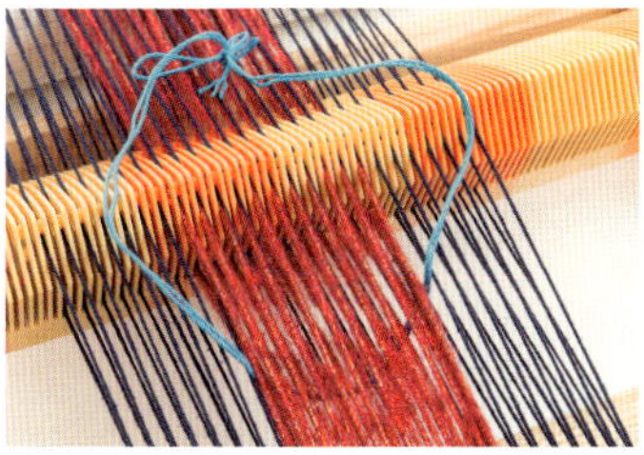

1 たて糸の中央の2本取りの部分の赤い糸を拾いタコ糸を通します。

2 傾けると4層になるので、下の2層の間には青の裂き布を、上の2層の間には赤い糸を入れます。

3 織り地を青1色にするときは2本取りの紺の糸を拾って4層構造で織ります。織り地の裏側に赤い糸が隠れます。

オーバーショット

Overshot

4枚綜絖でできる範囲のデザインで3点のオーバーショットの巾着を作りました。オーバーショットは平織りと綾織りのタイアップをそのまま利用し、通し順と踏み順に変化を与えることで様々な柄を出す織り方です。

注意点としては綜絖の順番を間違えないこと。通し順の列の一番下の列は、織る側から見て一番手前の綜絖枠を指しています。織機の後ろから綜絖通しをする場合はこの図は上下逆に見ます。この綜絖枠の前後を間違えると同じ柄にはなりません。

また、図のよこに「タビー使用」と記載してありますが、タビーとは押さえの平織りのことです。オーバーショットのデザインは糸が長く渡ることがあるため、裂き布1段を織るごとに細い糸で平織りを加えています。ここではタビー糸も織り図に書き込みましたが、海外の本では省略してあることも多いので気をつけましょう。

今回はムラ染めの木綿布を裂いて使いましたが、オーバーショットを織るときは柄布だと本来の織り柄が目立たないのでできれば無地の布、糸も段染めなどは避けるのがおすすめです。

▸ パターンA

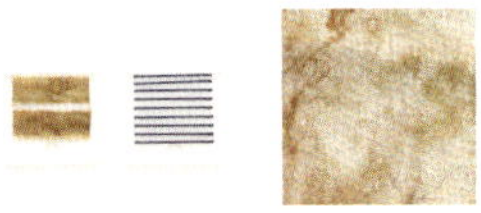

【DATA】
たて糸総本数:120本　整経長:120cm　通し幅:30cm　筬目:40羽　よこ糸密度:平織部分約3段/cm、オーバーショット部分4段/cm(タビーは段数に含まない)　たて糸:中細綿糸(紺)145m　よこ糸:ムラ染め綿布(カーキ)60g〈裂き幅1cm〉

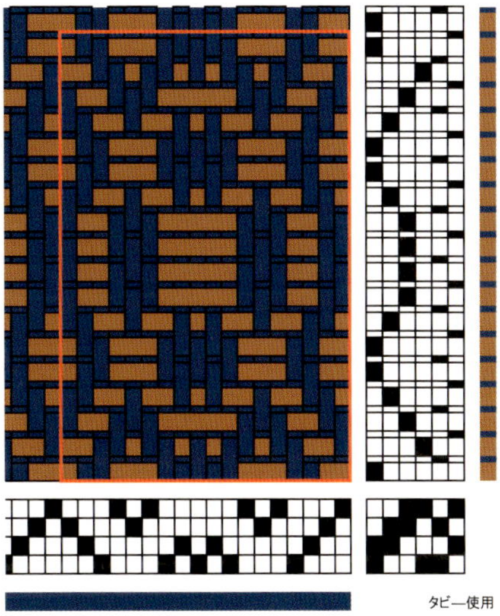

タビー使用

▸ パターンB

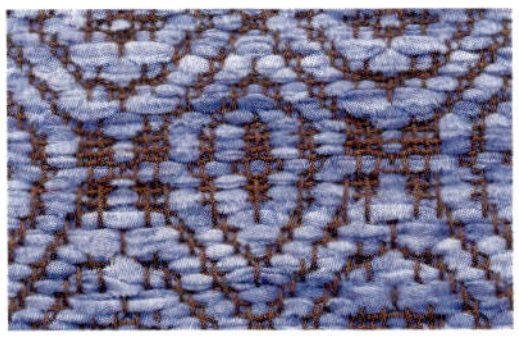

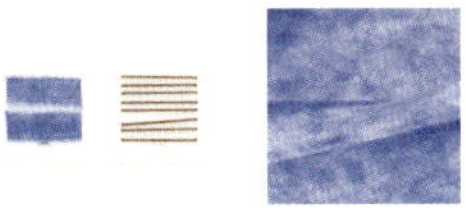

【DATA】
たて糸総本数:120本　整経長:120cm　通し幅:30cm　筬目:40羽　よこ糸密度:平織部分約3段/cm、オーバーショット部分4段/cm(タビーは段数に含まない)　たて糸:中細綿糸(紺)145m　よこ糸:ムラ染め綿布(青)60g〈裂き幅1cm〉

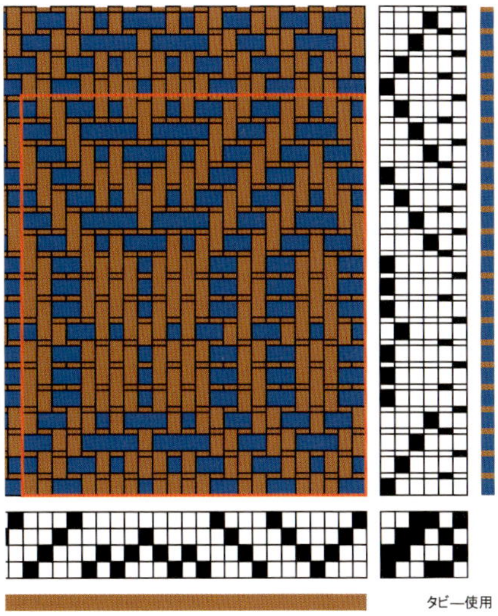

タビー使用

▸ パターンC

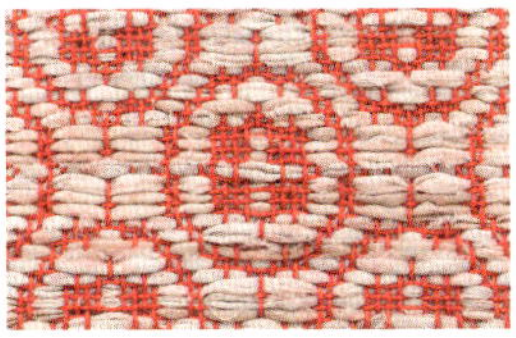

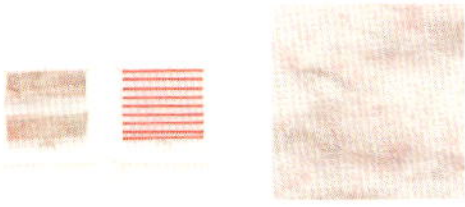

【DATA】
たて糸総本数:120本　整経長:120cm　通し幅:30cm　筬目:40羽　よこ糸密度:平織部分約3段/cm、オーバーショット部分4段/cm　たて糸:中細綿糸(赤)145m　よこ糸:ムラ染め綿布(ピンク)60g〈裂き幅1cm〉

タビー使用

昼夜織り

Chuya-ori

昼夜織りは１枚の布の中で、たて糸が多く見える部分とよこ糸が多く見える部分をつくり、織り布の色の出方が布の表裏で逆転するダブルフェイスの織り方です。

右の図の通し順ａの４本と通し順ｂの右端から４本が、基本パターンです。これを繰り返す回数を増やすことで大きなブロックになるなど、デザインはいろいろ変更できます。

ここでは地模様のように見せるべく同系色の細く裂ける木綿を選びました。

裂き布に対してたて糸が細すぎると、柄が目立たないので気をつけましょう。

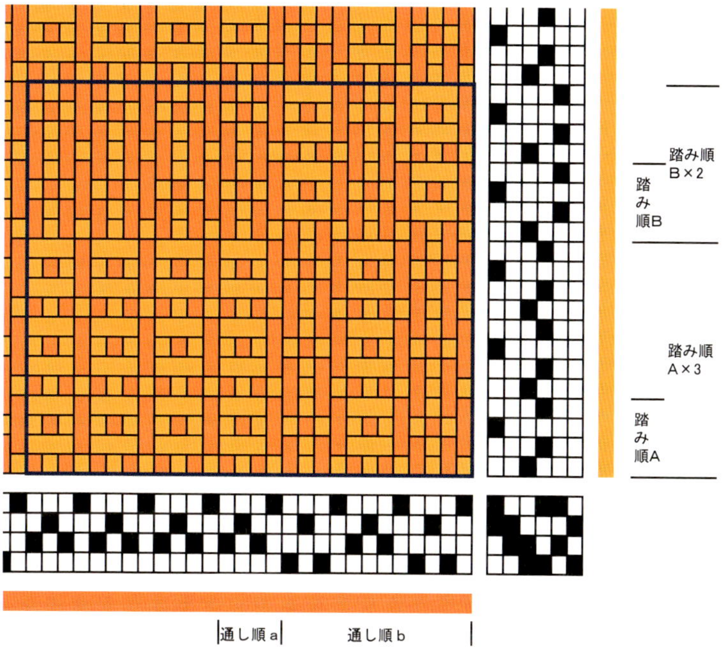

たて糸:(通し順b+通し順a×4)×6+通し順b
踏み順A×3+踏み順B×2 の繰り返し

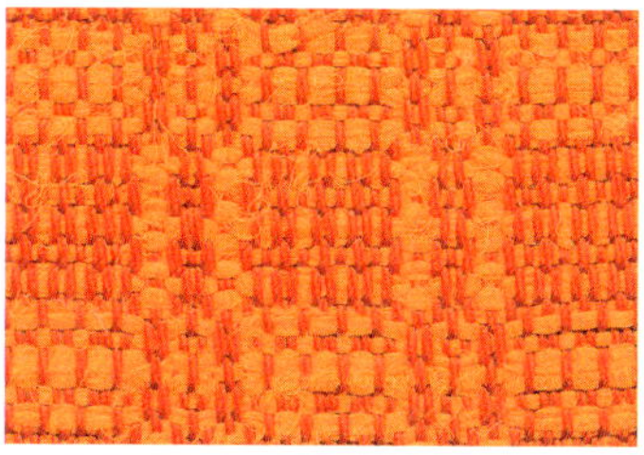

【DATA】
たて糸総本数:180本　整経長:120cm
通し幅:30cm　筬目:30羽丸羽
よこ糸密度:3段/cm
たて糸:シルク合太(オレンジ)220m
よこ糸:綿布(黄色)50g〈裂き幅1cm〉

クラックル織り

Crackle-ori

昼夜織り同様、たて糸が多く見える部分とよこ糸が多く見える部分をつくり、柄を出しています。ただし飛ぶ部分も多いので、ここではタビー糸（86ページ、オーバーショット参照）を使用しています。たて糸は中細綿糸、よこ糸は木綿の裂き布ですが、タビー糸には極細の毛糸を使っています。

斜線織りでも述べましたが、柄を出す上であまり表に見える必要のないよこ糸に極細毛糸を使うと、綿糸より柔軟性がある分、陰に隠れて柄をより引き立ててくれます。

ここで織ったのはクラックル織りでも代表的な柄です。市松にするなど柄の応用はできますが、オーバーショットほど変化に富んだ柄はできません。でも、たて糸同士が部分的に斜めに寄るので、レース編みのような繊細なたて糸の動きを見せられるのが大きな特徴です。

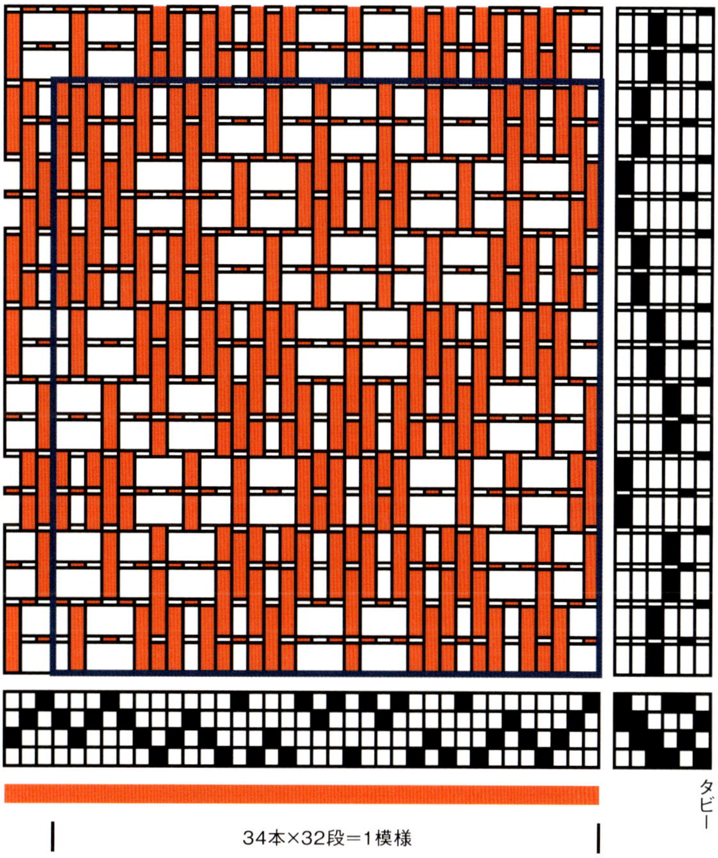

たて糸:34本1パターン×7回＋31本＝269本

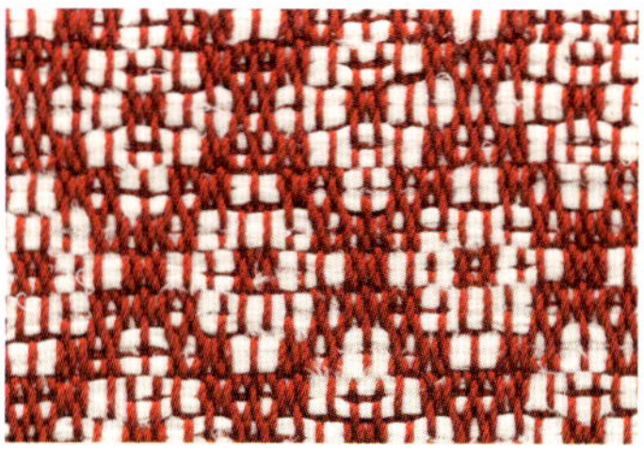

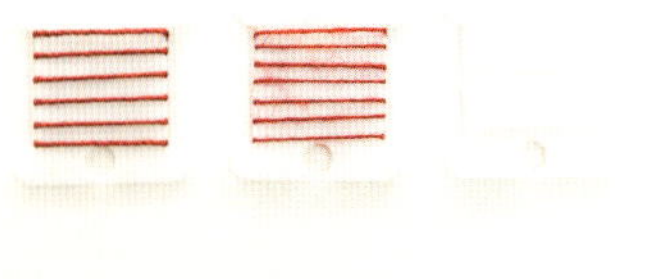

【共通DATA（2点）】
たて糸総本数:269本
整経長:120cm　通し幅:33.6cm
筬目:40羽丸羽通し
よこ糸密度:3段/cm（タビー糸は含まない）
たて糸:スーピマ綿糸（赤または白）290m
よこ糸:綿布（白またはグレー）70g〈裂き幅1cm〉、極細毛糸（赤または白・タビー部分に使用）60m

蜂巣織り（ハニーカム）

Hachisu-ori (Honeycomb)

平織り部分と糸が飛ぶ部分を市松配置したのが蜂巣《はちす》織りです。

２種類の組織を併用した織り技法はいろいろありますが、蜂巣織りは凹凸のある織り地になるのが特徴です。

織っているときは四角い市松の布ですが、織機から降ろすとよこ糸が寄って丸いくぼみができます。そのことからメガネ織りと呼ばれることもあります。

この巾着は、よこ糸に木綿の裂き布と、くぼみ部分に144ページのネクタイ工場でいただいたネクタイ地を使いました。

ここでは地に濃いピンクの木綿布を使いましたが、地にはシックな色合いの裂き布を選び、くぼみ部分にはカラフルなスカーフやサリー糸を使って色のコントラストを楽しんでもいいでしょう。

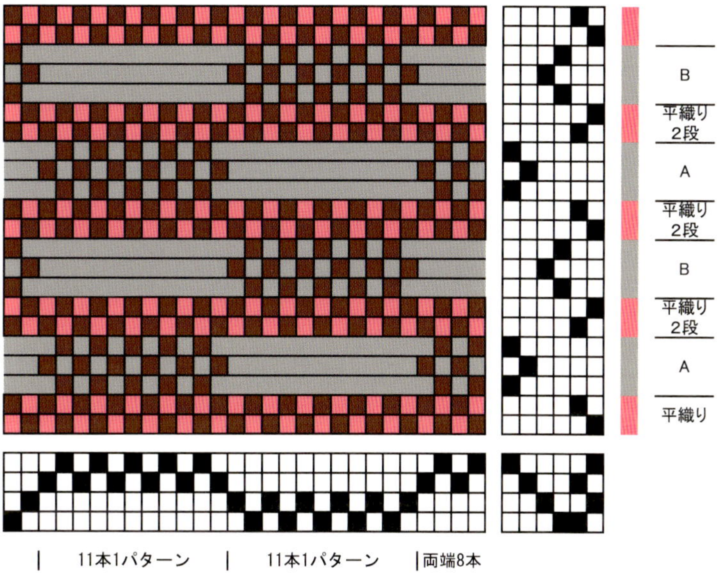

ネクタイ地パターンA＋綿布平織り2段＋ネクタイ地パターンB＋綿布平織り2段のくり返し。
パターンA、Bは3段。ネクタイ地はたて方向1柄分を3等分してカットしたものを使用する。

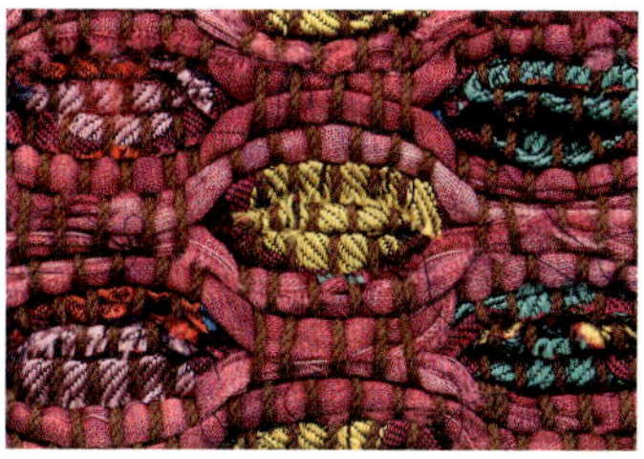

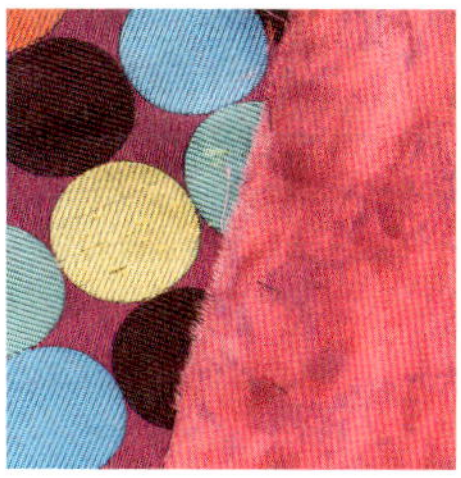

【DATA】
たて糸総本数:115本
整経長:120cm　通し幅:30cm
筬目:40羽　よこ糸密度:3段/cm
たて糸:中細綿糸（茶）140m
よこ糸:ムラ染め綿布（ピンク）60g、ネクタイ地適宜

トルコ朱《しゅ》子《す》織り

Torukoshusu-ori

織りの３原組織は平織り、綾織り、朱子織りで、この応用として各種の柄織りがあります。

朱子織りは、たてよこ糸の互いの接点をまばらにした織り方で、艶のある表情を見せることからサテン地などに使われています。

本来５枚以上の綜絖を使用しますが、ここでは変化形の４枚綜絖織機でできるトルコ朱子で巾着地を織りました。素材は網代斜紋（32ページ）と同じで、たて糸は合太シルク、よこ糸は梅の枝で染めたシルクシフォンの裂き布です。ちょっと似たような感じに見える柄ですが、アップ画像を比較していただくとその違いはわかります。

133ページの裂き織り紀行「木のほぐし織り」に出てくる経木の明かりは５枚朱子で織ってあるので、あわせてご覧ください。

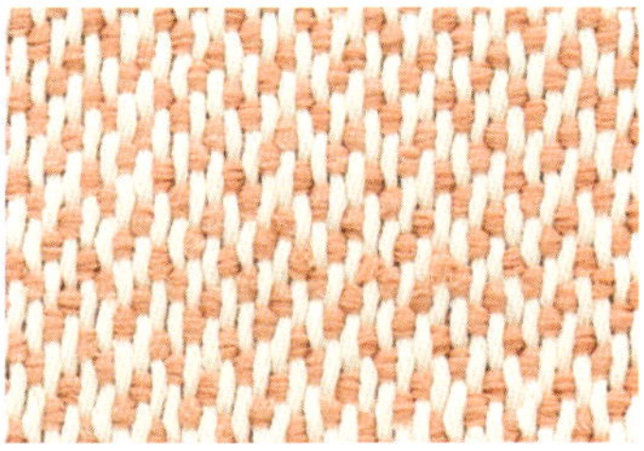

【DATA】
たて糸総本数:150本
整経長:120cm　通し幅:30cm
筬目:50羽　よこ糸密度:3段/cm
たて糸:中細綿糸（紫）180cm
よこ糸:シルクシフォン（梅染）約150g〈裂き幅2cm〉

ワッフル織り

Waffle-ori

たてよこすべて裂き布を使ってワッフル織りの巾着をつくりました。

タオル地などにも使われるワッフル織りは立体感のある織り方で、綜絖の枚数が多いほど複雑な柄になりますが、ここでは４枚綜絖でできるワッフル織りを紹介しました。

この織り地を裏から見るとちょうど逆の色が表に出てきます。

元の裂き布がそれほど大きな布地ではなかったため、裂いた布に撚りをかけています。裂いた切り返しのある裂き布をたて糸にして、切れないのかと思われる方もいると思いますが、細くなっている切り返し部分にはより撚りが集中するのでかえって丈夫です。

撚りをかけるには、道具もあるものを利用できるので108ページをご参照ください。

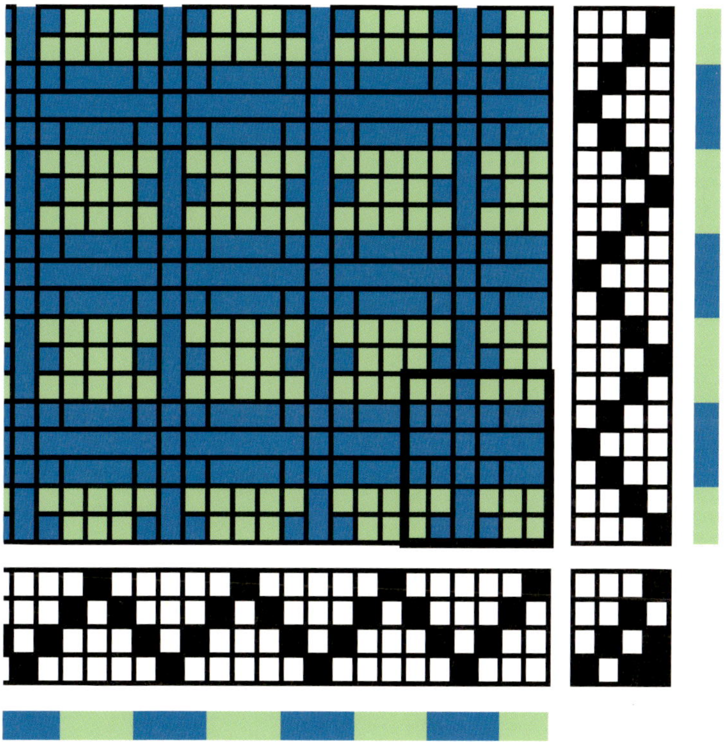

【共通DATA（2点）】
たて糸総本数:120本　整経長:120cm
通し幅:30cm　筬目:40羽　よこ糸密度:3段/cm
たて糸:綿布（青・緑または赤・ピンク）各30g〈裂き幅1㎝〉
よこ糸:綿布（青・緑または赤・ピンク）各30g〈裂き幅1㎝〉

column

アイデアグッズ
バッグ

158ページのベストと同じたて糸で織った裂き織りバッグです。裂き織りベルト、くるみボタン、革底などバッグを仕立てるのに便利なものをワンポイントで取り入れてみました。5色の木綿地でよこ縞グラデーションに織りますが、織り地を横に使うので仕立てるとたて縞デザインのバッグになります。

【DATA】
たて糸総本数:190本
整経長:140cm
通し幅:38cm
筬目:50羽
よこ糸密度:4段/cm
たて糸:中細シルク(薄紫)
270m
よこ糸:綿布7色　各30g

【くるみボタン】

共布で、あるいは織り布でくるみボタンをつくりましょう。くるみボタンをつくる道具は手芸店にいけば何種類か置いてあり、道具を使わなくてもボール紙と少量のワタを芯にすればオリジナルでつくることができます。

【バッグの革底】

バッグの底にするための革底は丸や楕円などさまざまな形があります。どれも縁に穴が開いていて、織り布にかがってとめます。革底を使うと簡単に底マチ付きのたっぷりサイズのバッグをつくることができます。

丸型、横長などいろいろな形とサイズの革底が市販されています。

革底の穴と織り地の端を別糸でかがります。写真で見えている革底は縫ったあとに折り返し、バッグの内側に来ます。

【ベルト織り】

　裂き織りをする人にとって、ベルト織りは覚えておくととても応用のきく技法です。裂き織り布でバッグを仕立てる時、一番悩むのは持ち手をどうするかということ。でもベルト織りならしっかりしたひも状になるので、共糸や裂き織り地に合わせたオリジナルの持ち手をつくることができます。ベルト状の布の織り方はいくつかありますが、ここでは基本のベルト織りと柄をつくるピックアップのベルト織りを紹介します。

【DATA】

●P98バッグの持ち手
たて糸：綿布（薄紫・青緑・青）〈裂き幅約1cmに撚りをかける〉
よこ糸：細綿糸（ピンク）
※たて糸のかけ方＝A＋B＋C＋D＋B＋A
A：薄紫4本、B：青緑2本、C：（薄紫1本＋青1本）×3、D＝（青1本＋薄紫1本）×3

裂き布でも撚りをかければベルト織りのたて糸になります。切り返しの細い部分に撚りが入るように気をつけましょう（108ページ参照）。

●P100A
たて糸：中細綿糸（青・白・黄緑）
よこ糸：細綿糸（紺）
※たて糸のかけ方＝A＋B＋C＋D＋（C＋B）×3＋D＋C＋B＋A
A：青7本、B：白2本、C：青2本、D：黄緑2本

●P100B
たて糸：中細綿糸（青・白・黄緑・水色）
よこ糸：細綿糸（紺）
※たて糸のかけ方＝A＋B＋C＋D＋E＋B＋E＋D＋C＋B＋A
A：青6本、B：白2本、C：黄緑3本、D：青1本、E：水色3本

●P100C
たて糸：中細綿糸（青・緑・白・水色）
よこ糸：細綿糸（紺）
※たて糸のかけ方＝A＋B＋C＋B＋D＋B＋C＋B＋A
A：青3本、B：（緑1本＋白1本）×2＋緑1本、C：青1本＋水色1本＋青1本、D：（緑1本＋白1本）×3

●P100D
たて糸：中細綿糸（黒・ピンク・青）
よこ糸：細綿糸（紺）
※たて糸のかけ方＝A＋B＋C＋D＋C＋B＋A
A：黒5本、B：ピンク2本、C：（青2本＋ピンク1本）×3＋青2本、D：（ピンク1本＋黒2本）×2＋ピンク1本

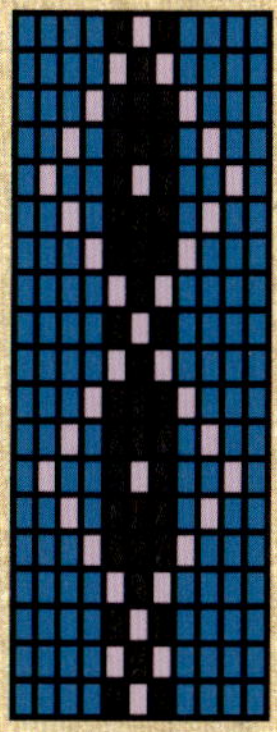

●P100E
たて糸：中細綿糸（黒・水色・青）
よこ糸：細綿糸（紺）
※たて糸のかけ方＝A＋B＋C＋D＋C＋B＋A
A：黒5本、B：水色2本、C：（黒2本＋青1本）×3＋黒2本、D：（水色1本＋黒2本）×2＋水色1本

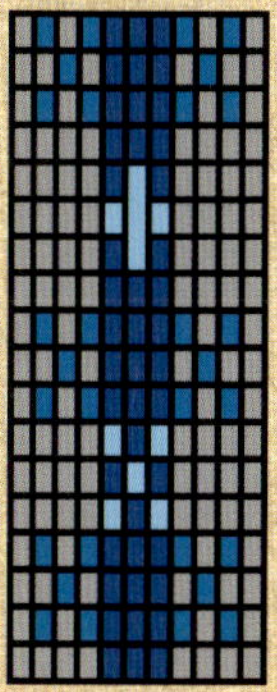

▸ ベルト織り

織り方

1 たて糸は太めの糸でかけ、よこ糸は細めの糸で2つ用意します。開口して、両側からよこ糸を入れます。

2 開口を逆にしてスティックで打ち込みます。よこ糸を引っ張って、よこ糸が見えなくなるまで締めます。

3 よこ糸を入れる、開口を変えて打ち込む、よこ糸を引く、の繰り返しです。幅が一定になるように気をつけましょう。

▸ ピックアップのベルト織り

織り方

1 平織りの開口で、地の白い糸しか見えない部分は上糸の柄糸を落としてスティックを入れます。

2 スティックをたててその隙間によこ糸を入れます。逆開口で打ち込み、よこ糸を引きます。

3 柄を織るときは、平織りの開口で出したい柄糸だけを拾い、スティックをたてた隙間によこ糸を入れます。

column

織機について

裂き織り用の織機は高機・地機・卓上織機の３タイプがあります。

台数という点で断トツに普及しているのは卓上織機です。卓上織機と高機との違いを綜絖の枚数（多ければ複雑な組織織りができる）と考える方もいますが、それより異なるのは打ち込みの強さです。

卓上織機の打ち込みが押さえる程度なのに比べ、高機は筬がまちで打ち込みます。地機は毎回綜絖作りから機掛けを始めます。手間はかかりますが、厚みのある刀杼を使うのでより強い打ち込みができます。

裂き布をたて糸に使う場合は綜絖穴の大きいものがやりやすく、地機にはあまり向きません。

織機にはそれぞれ特徴があり、それぞれの織機に向いた裂き織りがあります。その特徴を生かし、さらに違うタイプの裂き織りをしたくなったら道具を増やしていくといいでしょう。

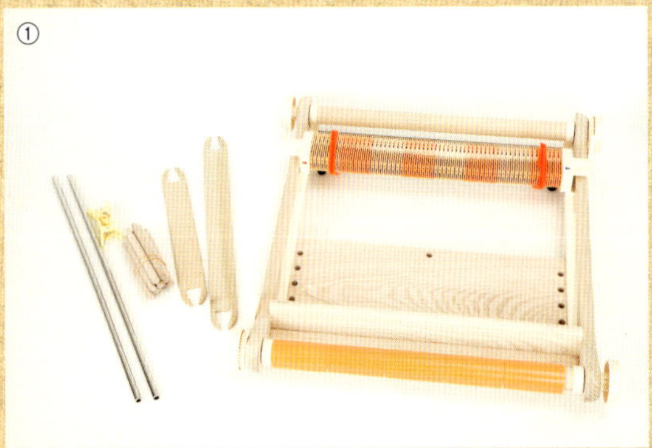

1.卓上織り機（オープンリード）
2.卓上織り機（クローズドリード）
3.ろくろ式足踏式高機
4.高機用の綜絖
5.卓上用の綜絖
6.佐渡の地機

Chapter

4

裂き織りのコツ

誰でも最初は初心者です。
裂き織りの経験者にとっては、
何でこんなことがコツなの？ 疑問なの？
と思うようなことも含め、
ちょっとした工夫を書き出してみました。

1.素材の選び方

布を裂き織りの素材として細長いひも状にする場合、一番手っ取り早いのははさみで切れ込みを入れ、手で裂くことです。したがって、薄手で密な裂きやすい布が裂き織りに向くことになります。でも長いひも状にする方法はバリエーションがあるので（105ページ裂き方参照）、どんな素材が向くかということより、使いたいと思っているその素材をどう生かすかを考えましょう。

2.たて糸の選び方

織機にかけるので引っ張っても切れない糸であることが基本です。絹の着物の裂き布だからたて糸も絹、木綿の場合はたて糸も木綿といったような決まりはありません。

初心者の場合は手芸店の夏糸コーナーにあるストレートな綿糸から始めるといいでしょう。細い絹糸や100％麻の糸、節のある変わり糸などは少し織りに慣れてからにしましょう。

3.裂く前にすること

シャツなどの衣類は洗濯機で洗い、それぞれの部位に解体します。Yシャツ１枚で40×50cm程度の布を織ることができるので、小物を織る程度なら襟や端ミシン部分は切り落としてもいいでしょう。着物や帯はまず解体してから水洗いをします。水洗いしたときに色落ちが激しいようなら162ページの色止めを参考にしてください。

シャツを解体するときはリッパーがあると便利です。ただし布も一緒に切らないように注意しましょう。

4.必要量の目安

裂き織りで用意する元布は、織りたい布の大きさの3倍くらいが目安です。また、織り幅を30cm、布の裂き幅を１cmとした場合、布１gで１ cm織れるのが目安です。

布の１m四方の重さの目安は、木綿シーチングで100～150g、シルク羽二重は50～100g、シルクシフォンは20～40gです。銘仙と木綿の浴衣のサイズと重さを量って織ったサンプルを10～11ページで紹介しました。参考にしてください。

5.裂き幅

裂き幅は織ろうとする布の使い道によって変わってきます。細く裂けるシーチングの場合、ベストなど軽く仕上げたい衣類にするのであれば１cm以下に裂き、敷物にする場合は３cm以内の範囲で裂きます。

58ページのTシャツマットのように10cm幅で切って厚みのある裂き織り地にしてもいいでしょう。

6.布の裂き方

布地を裂くとかなりほこりが舞います。大量に裂くときはエプロンとマスクを着用し、屋外で作業するのがおすすめ。

裂く前にいったん水に浸して洗濯機でよく脱水する、つまりほんの少し湿った状態で裂くとほこりが少ないというのも裂き方のポイントのひとつです。

A.切れ込みを入れて裂く

裂ける布の場合の、最も基本の裂き方です。ポイントは深めに切れ込みを入れること。1cm程度の切れ込みでは布がちぎれることがあるので、約3cmの切れ込みを入れます。

1 布の裂きたい幅のところに2〜3cmの切れ込みをはさみで入れます。

2 切れ込みを入れた布を両手で持って勢いよく裂きます。

3 布端に来たら、裂き切らずに1cmほど残しておきます。

4 その横に切れ込みを入れます。小さな布も行ったり来たりで長いひも状になります。

B.捻りを入れて裂く

プリント布は布の表裏で色が違います。布の出したい面を出す裂き方と、ほつれを抑える裂き方をご紹介します。勢いをつけて裂くのがポイントです。

内向きに裂く

布表（布の出したい面）を上にして両手を内側にひねるように裂くと、布表が表に出ます。

逆方向にひねりながら裂く

切れ込みを入れた布を両手で持ち、逆方向にひねりながら裂くと、裂き布に丸みが出てほつれもまとまりやすくなります。

C.ロータリーカッターと テープカット定規

手では裂けない布は道具を使うといいでしょう。裂ける布も道具を使うと、ほつれも少なくきれいに仕上がります。バイヤスに布を切る時も道具があると便利です。

1 布は両端3cmを残して折り畳みます。あまり長い布を折り畳むときにずれるので50cmくらいに切ってから作業します。

2 1の上に中心に溝のある定規をあて、布端3cmを残して一定幅に切っていきます。

3 端がつながったまま一定幅に切られた布は、その両端を交互に切って長いひも状にします。

D.裂く方向を考える

布を裂く方向は何種類かあります。チェックの布をもとに、その裂き方の違いを一覧にしました。実際に織った織りサンプル一覧は182〜183ページに掲載してありますので参考にしてください。

元布

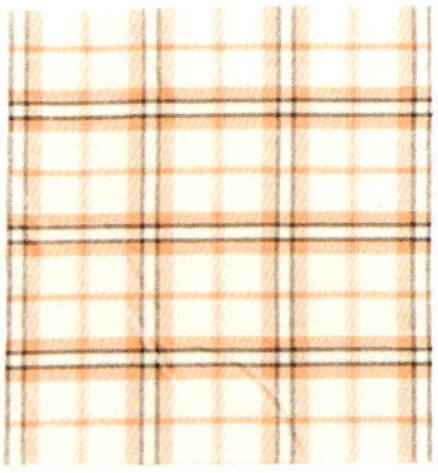

たてに裂く

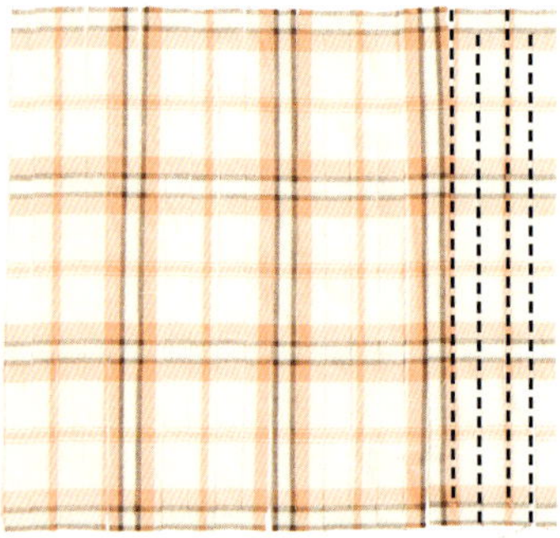

たてに裂くとチェックの布の場合、色の濃淡が筋によって異なり、織り柄として出てきます。

よこに裂く

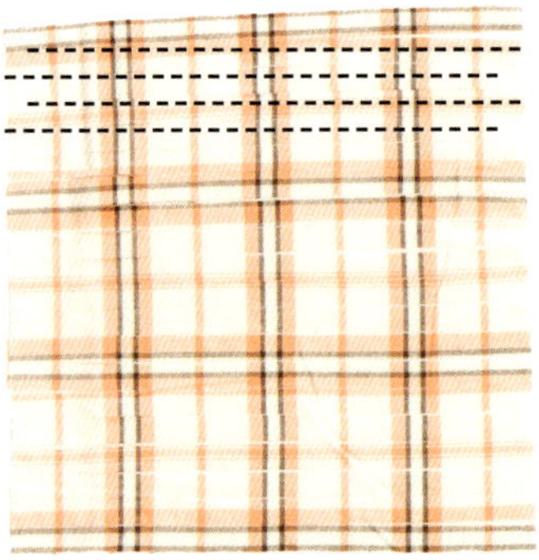

シンメトリーチェックの場合はたてに裂くのと同じですが、縞の布の場合は、たてよこどちらに裂くかで織り柄が変わります。

バイヤスに切る

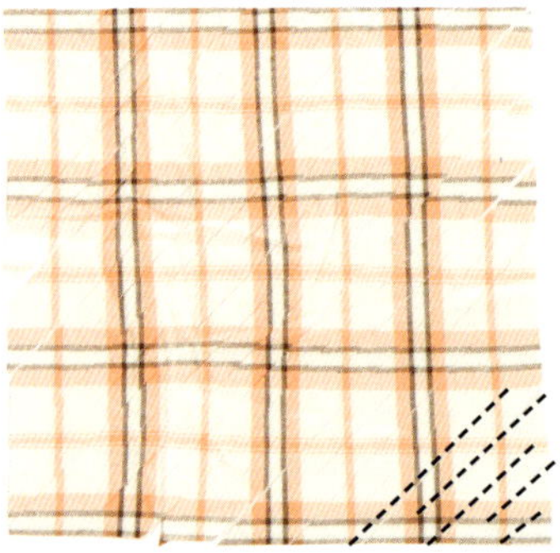

布をバイヤス方向に裂くことはできないのではさみやカッターなどで切ります。布のほつれが出ないのが特徴です。

円を描いて切る

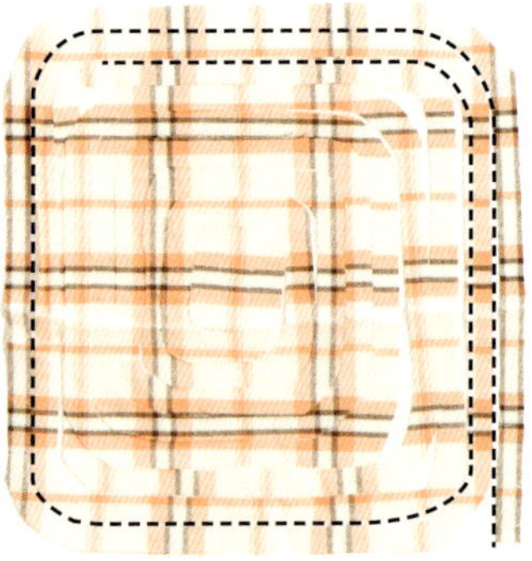

切り返しの角が気になる人、ネクタイのように小さくて変形の布を切るときにおススメ!

E.電動カッターで切る

市販の電動カッター、あるいはハンドル式の手動カッターがあります。またロックミシンの針を抜いて、布をカットする機能だけを利用している人もいます。布の裂き方はいろいろです。

切り幅も調節できる電動タイプ。布の厚みによって微調節が必要な時もあるので、必ずしも万能とは言えません。

7.変わり素材の裂き方のポイント

変わり素材の布を裂くときのポイントをいくつかあげました。変わり素材をどうすると効果的に使えるかを考えるのも、裂き織りの楽しみのひとつです。

A.メリヤス地（編み地）

ニット地（編み地）は裂けないので、はさみあるいはカッターでひも状に切りますが、メリヤス地にはカットした布の伸びる方向と伸びない方向があり、伸びる方向にカットします（参考作品58ページTシャツマット）。

1　Tシャツ地やフリースは引っ張ると伸びて丸まる方向があります。

2　よこ糸にするときは、ある程度伸ばしてから織り込みます。

B.コーデュロイ（コール天）

この呼び名は英名か和名かの違い。たて畝の織物なので、薄手であれば溝に沿って裂くことができます。裂くときにほこり屑が出ますが、よこ糸として織るとおもしろい裂き織り地ができます。

コーデュロイも溝の数を揃えて裂けば、均一の太さの裂き布ができます。

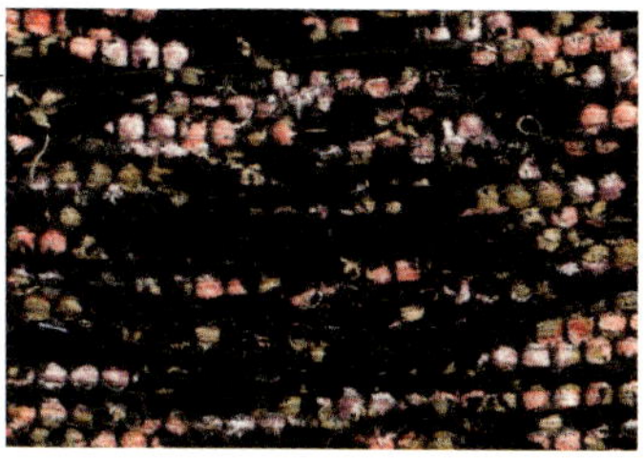

よこ糸として織り込むとビロードのような、タオル地のようなおもしろい風合いの裂き織り布になります。

C.ほつれやすい布

帯やネクタイなどのジャカード地、目の粗い布などほつれやすい布は、薄い芯地を貼ってからカッターで切るとよいでしょう。

8.裂き布にプラスのひと工夫

布を裂いてそのまま使うのではなく、ちょっとしたひと工夫を加えると裂き織りの世界が広がります。たとえば裂き織りをするうえで水はかなり重要な助けになります。「6.布の裂き方」にあるように、布を湿らせた状態で裂くとほこりが出にくくなり、裂き布を湿らせた状態で織ると銘仙のような張りのある布もきれいに打ち込めます。

A.裂き布を湿らせる

特に卓上タイプの打ち込みの弱い織機の場合に有効。裂き布を巻いたシャトルをビニール袋に入れ、霧吹きで湿らせてから織るだけでかなり高い効果が得られます。

水で湿らせたふきんを用意し、裂いた布を湿らせながらシャトルに巻きます。

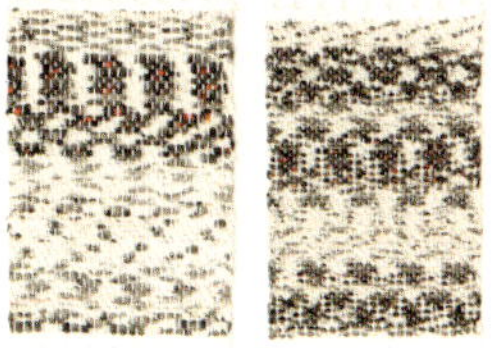

卓上織機で裂き布を湿らせてから織った布（左）、乾いた裂き布で織った布（右）。

B.撚(よ)りをかける

「繊維から糸をつむぐ」のではなく「裂いた布に撚りを加える」だけなので難しいことではありません。たて糸にする場合はつなぎ目が切れない程度に撚りをかけますが、よこ糸にする場合はほつれを抑える程度で、手持ちの道具でできます。プラスで水、さらにプラスで洗濯のりを加えるのも効果的です。ボウルに水200ccを用意し、スプレー洗濯のり10回を吹き入れます。それをふきんにたっぷり染み込ませ、裂き布をはさんだ状態で撚りをかけます。撚った糸はいったん綛（かせ）にし、乾いてから使います。撚った糸をビニール袋に入れ、スプレーのりを直接吹きかけてもいいでしょう。撚りをかけた裂き布をたて糸にした作品は74ページ模紗織り1、96ページワッフル織りなどがあります。

撚った裂き布はいったん綛にして乾かします。綛をビニール袋に入れる、あるいはこの状態でスプレーのりをまぶしてもいいでしょう。

紡ぎ車

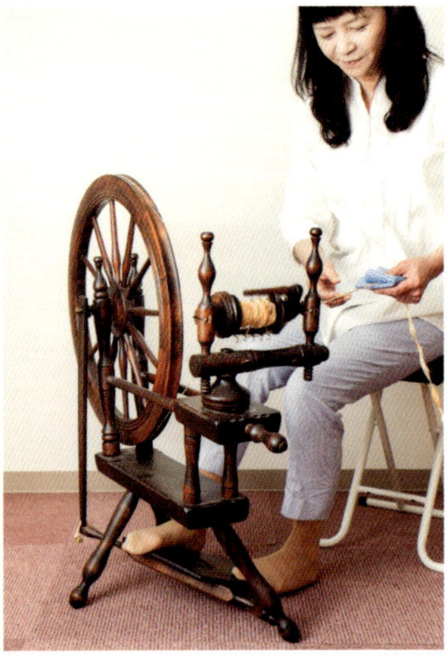

紡ぎ車があれば利用しましょう。布端の切り返し部分は細くなっている分、より撚りが強く入るので、十分にたて糸としても使えます。

スピンドル

スピンドルも糸を紡ぐための道具です。安価で場所を取らず、かなりの量をまとめて巻き取れるのでおすすめです。

1 棒の先にねじがついているので、裂き布はそこに絡ませて仮止めします。棒を回転して撚りをかけます。

2 撚りのかかった裂き布はコマの上に巻き取ります。

管巻き器

小管や大管に糸を巻く管巻き器をお持ちの方も多いでしょう。管巻き器も撚りをかけるのに適した道具です。ふきんで湿らせながら作業するとより効率的です。

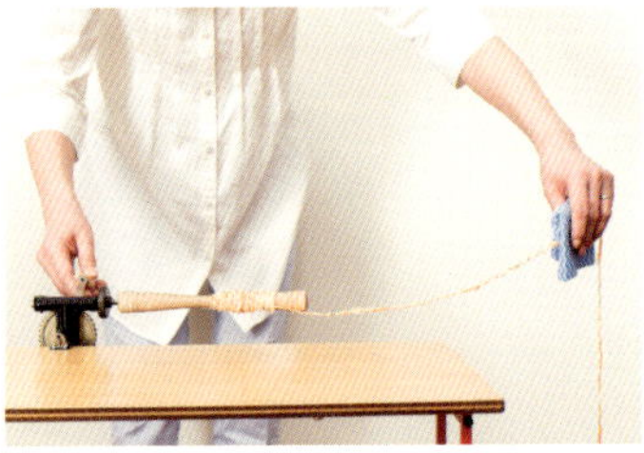

1 裂き布の端は大管に結び付けます。大管に対して水平の位置に裂き布を持ってきて回すと撚りがかかります。

2 撚りがかかったら、大管に対して垂直の位置に裂き布を持ってくると巻き取られます。

玉巻き器

少し慣れが必要ですが、玉巻き器でも撚りをかけることができます。ふきんで湿らせながら作業するとより効率的です。

1 裂き布の端をテープでとめ、裂き布を垂直にして回すと、撚りがかかります。

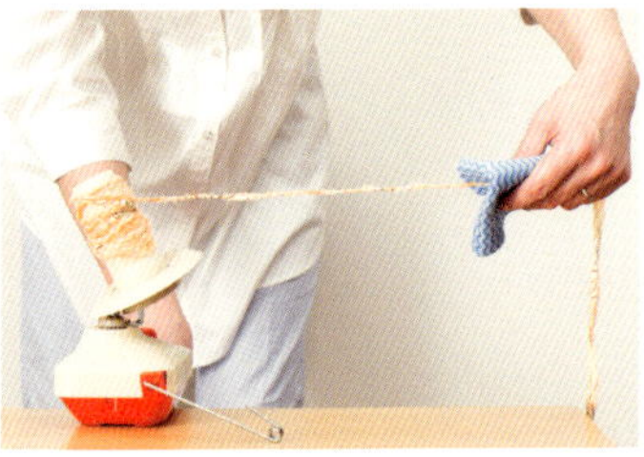

2 撚りがかかったら、水平の位置に裂き布を持ってくると巻き取られます。

手で撚る

70ページのはさみ織りのはさみ糸はシルクシフォンの裂き布です。裂いたそのままでも織れますが、繊細なデザインにしたかったので、指先を湿らせて撚りをかけました。短く使う布であれば、指や房撚り器でも撚りをかけることができます。

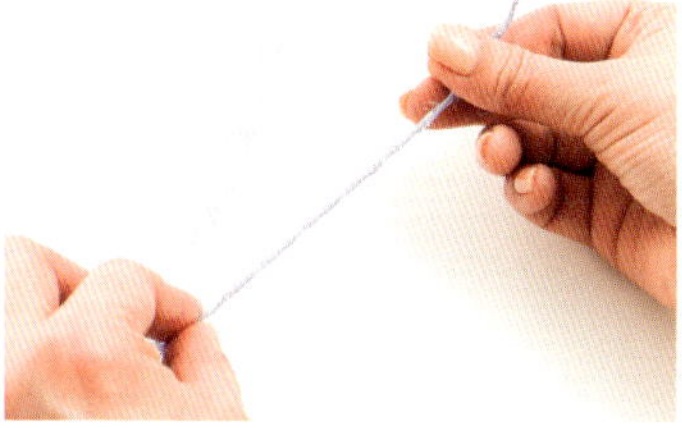

1 指先を湿らせて、全体に軽く撚りをかけていきます。

2 両端を結び、紙コップなどにはさみスプレー洗濯のりを吹きかけます。

3 乾いてから紙コップから外すと撚れたまま固定します。

4 上から①そのまま織った場合、②撚りをかけて織った場合、③湿らせて撚った場合の比較サンプルです。ひと手間かけるときれいに仕上がります。

玉巻きを繰り返す

玉巻き器で玉巻きをすればそれだけで軽く撚りがかかります。そのときのり水を含ませたふきんにはさみながら巻くだけで、裂き布のほつれは落ち着きます。玉に巻いた裂き布を引き出すと、その時にも撚りがかかります。

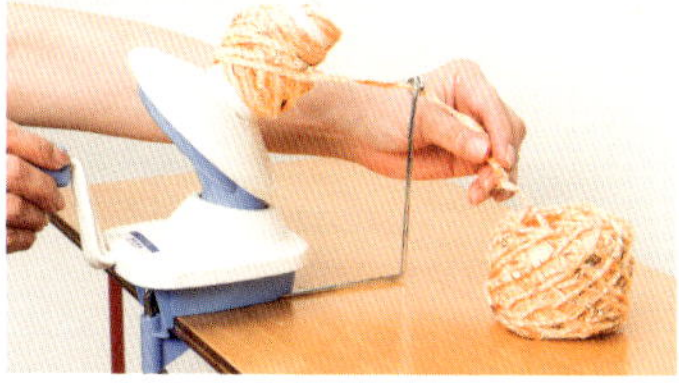

最初だけのり水をつけて裂き布を玉巻きし、玉巻きを何度か繰り返すと撚り糸になります。

C.裂き布の幅を出す

裂いた布のほつれを見せずに幅を出す方法もいくつかあります。52ページの綟り織り3、170ページのゆび織りポーチなどがそれらです。

テープメーカー

布をテープ状にする道具があります。金具を通すと布端が畳まれた状態で出てくるので、通しながらアイロンをかけます。テープメーカーには幅が何種類かあります。

持ち手接着テープ

本来は布で持ち手をつくるときに便利な素材です。ベルト幅のテープ状にした布をゆび織りで縫わずに仕立てたポーチは170ページに掲載しています。

1 布を持ち手接着テープより少し広い幅で裂きます。接着面を布側にしてアイロンをかけてとめます。

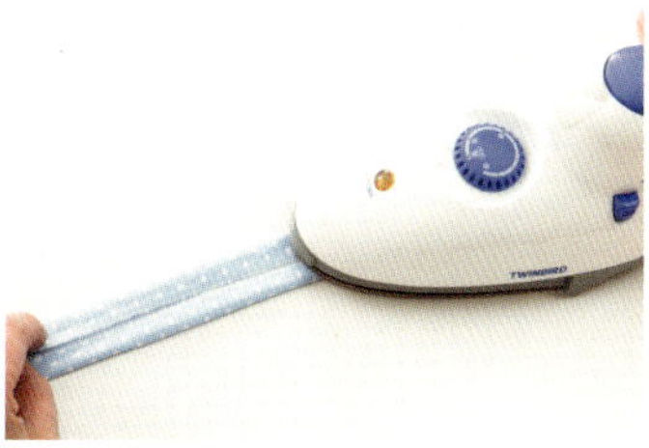

2 折り線に沿って畳み、もう一度アイロンをかけます。

指先で折り畳む

裂き布自体に手を加えるのではなく、織るときのちょっとした工夫です。プリント布で表面を出したいときにもいいでしょう。4ページのベストや20ページの柄の再生の時も柄合わせしやすいように指先で折り癖をつけて織っています。

1 広幅の布をはさむように入れます。

2 指先の加減で折り畳みます。

9.裂き布のつなげ方

裂き布の長さには限りがあるので、織っていればいつかはつながなければなりません。そのつなげ方のバリエーションを挙げたので、自分でやりやすいと思う方法を見つけてください。またよこ糸のつなぎ目が完全に隠れることはありません。目立たないように織り幅の端の方でつなぐのもひとつのコツです。

A.重ねる

一番一般的な方法です。結ぶと結び目ができるのでたて糸10本分程度端布同士を重ねます。はみ出した裂き布は、織り進んでからカットします。もちろん端布が飛び出さないように重ねてもかまいません。

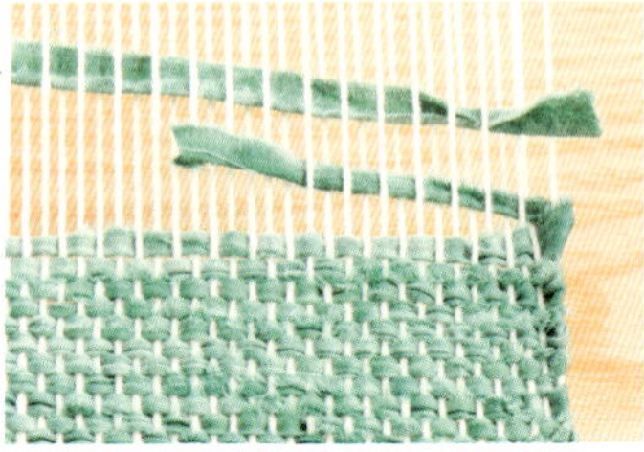

B.斜めに切る

裂き幅が広い場合は布端を斜めに切ってから重ねて織ると、つなぎ目が目立たないでしょう。

C.絡めるように巻き込む

指先で裂き布の端同士を絡めます。布端が隠れるので、よりつなぎ目が目立ちません。裂き布の色を変える時にもよいでしょう。

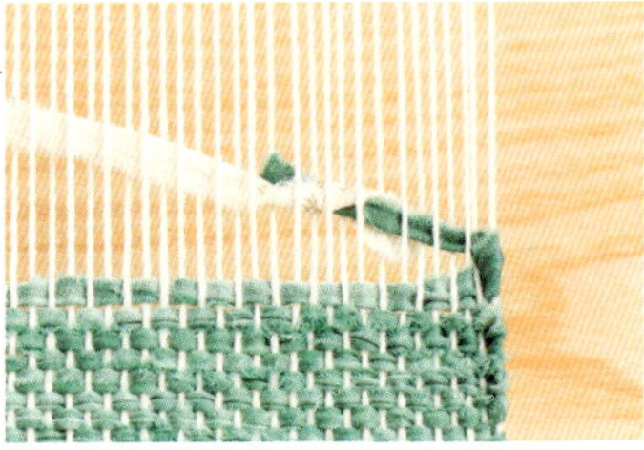

D.縫う

裂き布は縫ってつなげることもできます。38ページの千鳥格子や網代、78ページのキャンバス織りなど、たて糸にするのに長さが足りなかったので縫って必要な長さにしました。また155ページのフィンランドの工房では、よこ糸とする裂き布をグラデーション柄にするために事前に色の異なる裂き布を縫ってつなげてからシャトルに巻いています。

重ねて縫う

たて糸にするときは2枚の裂き布を2cm重ね、布端の近く2カ所を縫います。

斜めに縫う

1 広幅の裂き布の場合は、2枚の布端を垂直に重ねて斜めに縫います。

2 折り返すとまっすぐになります。角をはさみでカットするとよいでしょう。

E.ねじってつなぐ

176ページの布草履など広幅の布をたくさん使うときなどにこの方法を用います。結んではいませんが、つなぎ目がこぶにはなります。草履を織るときはつなぎ目を内側に隠すようにするといいでしょう。

1　2枚の布のそれぞれの端に切れ込みを入れます。

2　片方の布をもう片方の切れ込みの中に通します。

3　通した裂き布の切れ込みに残りの布を入れます。

F.貼る

小さな布を貼り合わせて新たな布にすることもできます。布補修用ボンドは乾いた後なら水洗いができるので、仕上げの水通しの時にほどけることはありません。ただしたて糸にするほどの強度はありません。この貼り合わせた布の裂き織りバッグは16ページに掲載しています。

ボンドは指先でのばし、別布を1cm重ねて貼り合わせます。16ページのバッグの布はカッターで切りましたが、同程度の布を隙間なく貼れば、裂くこともできます。

10.シャトルの巻き方

ここでは板杼に裂き布を巻くときのポイントを説明します。板杼は織り幅に合わせて何本か揃えておき、狭い織り幅の時は短い板杼を、広い織り幅の時は長い板杼と使い分けると織りやすいでしょう。

A.8の字に巻く

糸の場合は板杼の窪みから窪みへと巻いていきますが、ボリュームのある裂き布で同じようにするとたくさんは巻けません。裂き布の場合は上下のツノを利用して数字の8を描くように巻きましょう。

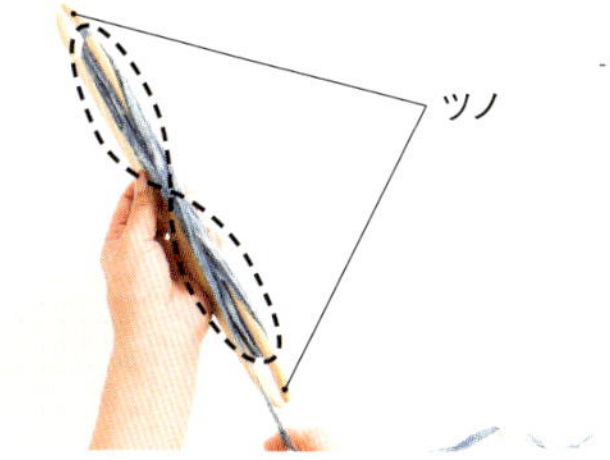

1　板杼の片側の上下のツノを使って数字の8を描くように巻いていきます。

2　ある程度巻いたら持ち替えて、逆側の上下のツノを利用して巻きます。

B.ねじりをほどいて巻く

裂き布のねじれが気になる場合はねじれを先にほどいてから巻くといいでしょう。裂き布を玉巻きにするとねじりが生じるので、裂いた布はそのまま撚りがかからないように板杼に巻いていきます。とても手間がかかりますが、織り途中で撚りを直すより効率的です。

11.織り方

裂き織りの素材や使用目的によって、あるいはお手持ちの織機によって織り方のコツは変わってきますが、よく受ける質問の答えのつもりでいくつか挙げてみました。

A.織り幅を一定にする

織っているうちに織り幅が狭くなる原因の多くはゆるみが足りないことです。裂き布、つまりよこ糸はたて糸に対してまっすぐではなく、たて糸の上下を交互に渡っているのでゆるみ分はしっかりとりましょう。

ゆるみの入れ方

裂き布を入れたら、30度の角度にしてから打ち込みます。これがゆるみ分です。

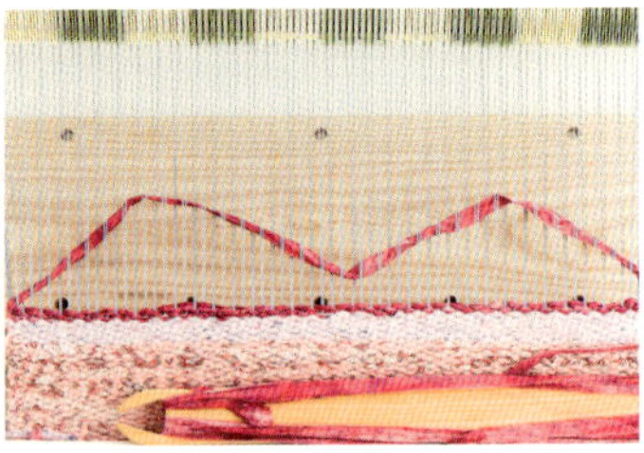
広幅（写真のたて糸は60cm）の場合はゆるみをふた山にするといいでしょう。

卓上織機に広幅でたて糸をかけると織っているうちにたて糸が中央に寄ってきます。その場合はたて糸の下に手をまわし、広げてあげるといいでしょう。

幅出し器

市販の幅出し器を利用しましょう。幅出し器は端に針がついていて、それを織り布に刺して使います。織り進んだら幅出し器の位置をずらします。40〜60cm用、60〜80cm用など何タイプかあり、幅が調節できるようになっています。

幅を確認しながら織る

自在に動くオリジナルの定規をつくります。織り幅より長いシャトルと紐1本を用意し、織りかけのたて糸全体をくるむように取り付けます。紐には織り幅サイズで目印をつけます。目印の幅に織れているか時々確認しながら織り進みます。

B.薄手の布を織る

薄手の裂き織り布を織るには、薄い布を使う、布を細く裂く、細くて軽いたて糸を使うなど素材上の配慮も必要ですが、糸と交互に織る畝織りも効果的です。

左は裂き布だけの平織り、右は裂き布との糸と交互の畝織り。糸が入る分軽く仕上がります。

C.厚手の布を織る

厚手の裂き織り布を織るための一番単純な方法は、布を広幅で裂いてよこ糸とすることですが、マット織りなど織り方によっても厚みを出せます（マット織りのバリエーションは54~58ページ参照）。

たて糸の見えないマット織りにすると裂き布が詰まり、布に厚みが出ます。

D.柔らかく織る

裂き織りは強く打ち込むイメージがありますが、布の元の柄を見せるためにはさむように入れる方法もあります。はさんだだけの裂き布を安定させるために、毛糸と組み合わせる方法もあります（22～26ページ参照）。

裂き布をつぶさないようにはさむように入れて織った裂き織り布。

E.強く打ち込む

120ページの佐渡の裂き織りでも紹介したように強く打ち込むには刀杼（ここでは市販のピックアップスティック）が効果的です。裂き布を入れて打ち込む、開口を変えてスティックを入れて打ち込むの2段階で打ち込みます。裂き布を多少湿らせた状態にすると布の反発力が薄れて、より強く打ち込めます。

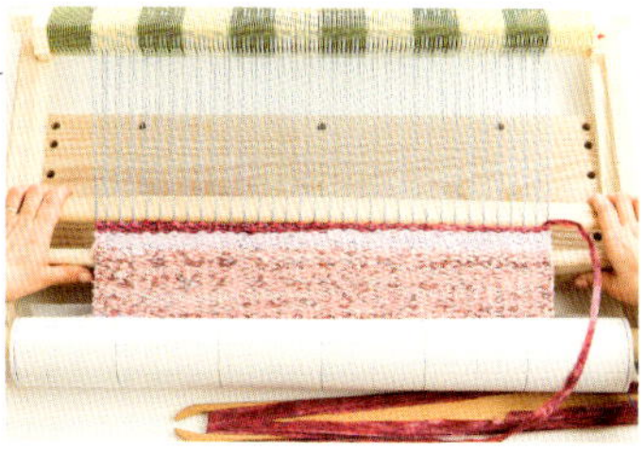

裂き布を入れて打ち込んだ後、次の開口にスティックを入れて、よく打ち込んでから裂き布を入れます。

F.裂き布のとんがりの処理

行ったり来たりで裂いていく布には折り返し部分にとんがりができます。ここではカットした布のとんがりが気になる場合のポイントを紹介します。また、切り返し部分が来たら裂き切って重ねてつなげるというのもひとつの方法です。

裏に押し込む

裂き織り布の表裏をどちらかと決め、飛び出した切り返し部分をとじ針やボールペンの先で裏側に押し込みます。

とんがりをカットする

切り返しの角が気になる場合は、はさみで角を切ってからシャトルに巻きましょう。

内側に折る

とんがり部分に来たら指先で角を内側に織り込みます。

湿らせる

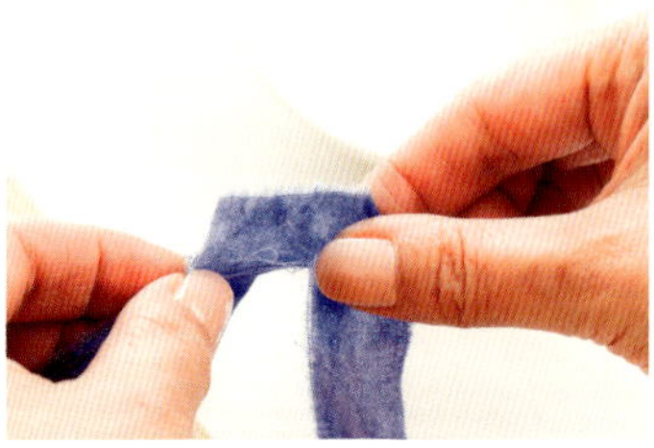

小皿に水を入れ、とんがり部分になったら指先を湿らせ、角を揉んでから打ち込むと織りつぶれます。

G.織り布の耳を揃える

裂き織り布は、幅だけではなく、耳も揃っていた方がきれいに見えます。織るときのよこ糸には十分なゆるみが必要ですが（112ページ「織り幅を一定にする」参照）、余分なゆるみを取ってあげるのも重要です。また、ボコッとした感じが気になる人は角の折り返し部分だけ少し湿らせるといいでしょう。

ゆるみを取る

耳がぐずついている場合は、前の段の裂き布を引き、余分なゆるみを取ってから次の段を打ち込みます。

同じ方向に折り返す

広幅の裂き布の場合、常に同じ方向に折り返すように入れると揃って見えます。

三角に折り畳む

テープ状の裂き布の場合は三角に折り畳んでもいいでしょう。

H.そのほかのポイント

○裂き布のねじれを気にして毎段直す人がいますが、打ち込むことでつぶれるので気にする必要はありません。
○布の表裏が異なり片面の色だけを出したい場合ははじめから撚りがかからないように巻きましょう（111ページシャトルの巻き方参照）。
○大柄の布の裂き織りで柄に偏りがある場合は2本のシャトルを使いましょう（17ページ参照）。
○厚みの異なる布を組み合わせて織るときは裂き幅を変えて同じボリュームの裂き布になるよう調節します。

12.仕上げ

織り上げた裂き織り布の仕上げのポイントです。

A.房の始末

織り上げた布はすぐに仕立てをする場合を除き、どれも房の始末をします。そのバリエーションを紹介しましょう。また房の結び目に一滴たらすと染み込んで固くならずに固定する専用の糸始末リキッドもあります。

玉結び

何本かの糸を束ねて結びます。

ネクタイ結び

1本のたて糸で数本をまとめて縛ります。玉結びより結び目が小さいのが特徴です。

撚り合わせ

1 同じ数のたて糸2束に、それぞれ同じ方向で撚りをかけます。

2 束を揃え、逆方向に撚りをかけます。専用の房撚り器があると便利です。

ヘムステッチ

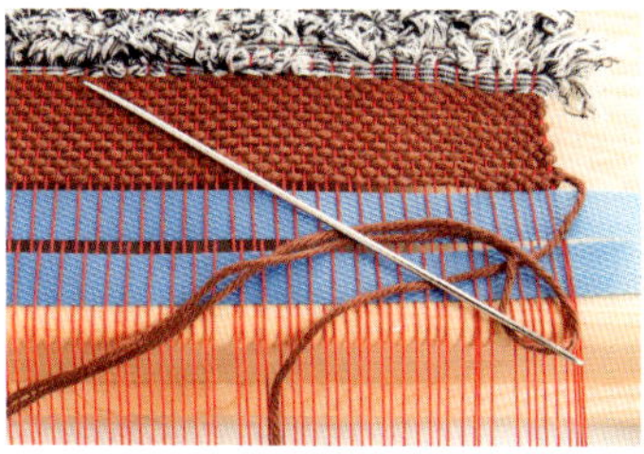

1 織り始めの糸織りで、織り幅の4倍程度の糸を残し、そのよこ糸でたて糸を縛るようにかがります。糸織りの前にPPバンドを入れ、作業する前にはずすと隙間ができてステッチしやすいでしょう。

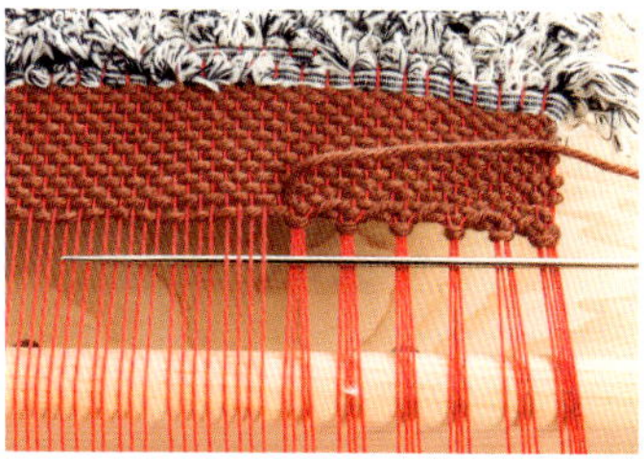

2 たて糸を数本ずつ（ここでは4本）拾います。

3 同じ場所からとじ針を入れ、織り地に刺します。縫いとめているのでほどけないのが特徴です。

引き込む

1 たて糸を織り布の中に引き込んでいきます。マット織りの時に有効です。

2 引き抜いたたて糸は切ります。作業はとじ針やループ返しを使うと便利です。

B.織り布の仕上げ

織り上げた布をそのまま使うこともできますが、たいていの場合、仕上げの作業をした方が織り目も落ち着き効果的です。

蒸気アイロン

あまり押し付けないように丁寧に蒸気アイロンをあてると布目が落ち着きます。

水通し・湯通し

一番一般的な方法です。裂き布の場合は水の中に30分ほど浸しておくことでほこりも取れ、布目も落ち着きます。糊をつけた裂き布を使用した場合は、水ではなく40度程度の湯に浸し、糊を落としましょう。

縮絨（しゅくじゅう）

毛糸には熱い湯に洗剤を加えた中で仕上げをすると縮む、あるいは繊維が絡んで固まるという特性があります。その特性を生かして、毛糸と裂き布のほつれを絡ませたり（22ページ糸抜きマフラー参照）、使用素材の中の毛糸だけ縮ませることで裂き布の立体感を出したりすることもあります（80ページ斜線織り参照）。ただしこの縮絨は、裂き織りでは特殊です。毛糸をごく普通にたて糸として使う場合は湯通し仕上げをします。

揉む

帯など長く織った布地は、織り布を丸めて体重をかけてよく揉みます。これは織り目を詰まらせるのが目的です。この作業は水通し・湯通しをする前に行います。

接着芯を貼る

裂き布をはさむように織るなど不安定な織り地は、織り上げたらまず薄い接着芯を貼ります。接着芯を貼った織り地は水通しはしません（145ページ等差織りのトートバッグ参照）。

column

裂き布のりんご玉

裂いた布の色とりどりの丸い玉がたくさん転がっているととてもかわいい。でもそれがりんごの形をしているともっとかわいい。見た目もかわいい裂き布のりんご玉ですが、その一番の特徴は内側から裂き布がするすると出てきて、シャトルに巻いているときに転がらないことです。そんなリンゴ玉のつくり方を伝授します。

作り方

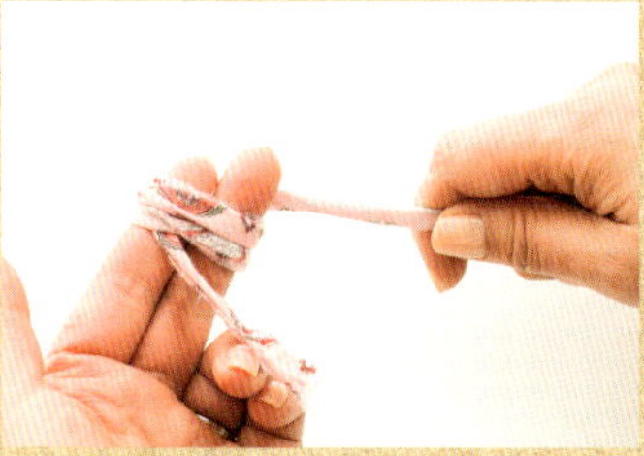

1 裂き布の端を5㎝くらい出した状態で、指2～3本にくるくると軽く巻きつけます。

2 いったん指から外し、利き手の親指を入れます。

3 はじめのうちはぐるぐると巻いて玉を大きくします。きつすぎないように気をつけるのがポイント!

4 玉巻き器でできる玉をイメージして、玉を動かしながら裂き布を斜めにずらすように巻いていきます。

5 親指の付け根に触れるように巻くのがポイント! 裂き布はするすると中から出てきます。

Chapter

5

裂き織り紀行

裂き織りの故郷、
また裂き織りに使えそうな廃材を求めて、
国内はもとより、フィンランドまで訪ね歩いた
箕輪直子の裂き織り紀行。
そこからヒントを得て制作した作品と合わせて
ご紹介します。

はた場

佐渡の裂き織り

裂き織り紀行
新潟

**日本海沿岸地域に伝わる裂き織り文化。
そのひとつである佐渡で、地機を使った裂き織りの歴史と、
地機を使いながら発展を続ける作家さんに出会いました。**

佐渡に伝わる裂き織り文化

織りに興味はなくても、佐渡に裂き織りがあることを知っている人は意外と多くいます。それは相川技能伝承展示館という裂き織り体験のできる市の施設があるからです。館内には50台以上の地機が並び、子供たちやツアーなど団体での体験を受け入れています。

裂き織りの文化は、木綿の育たない地域に襤褸《ぼろ》（使い古しの木綿）を運ぶ北前船《きたまえぶね》（江戸から明治にかけての商船）によって支えられてきたため、日本海沿岸の地域に多く見られ、もちろん佐渡もそのひとつです。元相川技能伝承館館長で学芸員の柳平則子氏を訪れ、裂き織りコレクションを見せていただきながら、重要有形民俗文化財の指定も受けた往時の佐渡の裂き織りの特徴について興味深い話を聞かせていただきました。

植物繊維と藍染めの襤褸を地機で織る

まず道具はネマリバタと呼ばれる地機。それを三角柱に近い形の刀杼《とうひ》（写真②）で力強く打ち込みます。地機に刀杼は欠かせませんが、もっと平べったい形をしているのが一般的です。刀杼は裂き布を入れ、逆の開口にしたときに使うものですが、刀杼の高さがあればその分逆開口でたて糸が開き、よこ糸が詰まりやすいことになります。また三角の刀杼を使えるのは、体のバランスでたて糸の張りや開口を調節できる地機ならではとも言えます。

たて糸は、近隣でとれる苧麻・苧屑《おくそ》（からむしの屑）・藤のつるなどの植物繊維を取り出して糸を績み、よこ糸は藍染めの襤褸を小刀で裂きます。布を裂くのに使われていた小刀を当時に近い形でつくらせたというので、ひとつ分けていただき、その裂き方を実際に教えていただきました（写真④）。

小刀の特徴は、刃先がとがっており、全体にはしなやかで柔らかいこと。布は張った状態で

①

②

④

③

⑤

両手で持ち、とがった刃先を布にさし、手首を動かして裂いていきます（写真⑤)。

なぜ布を裂くのに小刀を使うかというと、もちろんはさみが簡単に手に入る時代ではなかったということもありますが、使い古された布はとても弱く、手で裂くと千切れたり、あらぬ方向に裂けたり、まっすぐのひも状にするのが難しいからです。どんな小さな端切れも大切に使う佐渡の知恵を感じました。

保存、そして発展する佐渡の裂き織り

柳平さんは自らも裂き織りをされますが、基本的には研究者であり、伝承者です。昭和50年代に地域の文化を残そうと、裂き織りの保存会を立ち上げる動きが各地で起きました。佐渡でもその気運は高まり、相川技能伝承館を拠点に、多くの人々が裂き織りを学び始めました。その会も柳平さんの定年とともに休眠状態のようですが、柳平さんの薫陶を受けた皆さんの裂き織り工房は佐渡にいくつも存在します。

その中のひとり、街道沿いの広々した工房で体験も受け入れつつ創作に励んでいる裂き織り工房加藤の加藤智津絵さんを訪ねました。加藤さんのこだわりは、ネマリバタを使うこと。

材料は市販の木綿糸とシーチングの布ですが、布は２cm幅に裂き、しっかりと刀杼で打ち込むこと。バッグなどを仕立てる時はよこ糸が太いので裂き織り布を切らずに仕立てること。また加藤さんは40cm幅に満たない地機で織った布をはいでつくる２m四方もの作品も多く手掛け、県展などで受賞される裂き織りのタピストリー作家でもあります。

地機なので基本平織りと畝織りですが、加藤さんは工夫してオリジナルのモアレにたどり着きました。モアレあるいはモワレとは干渉縞ともいい、規則正しい模様の重なりで互いが干渉して生じる新たな縞のことです。その等差数列を応用して、次ページでは半幅帯を織りました。

1.相川技能伝承展示館元館長の柳平則子さんと。
2.刀杼。
3.古い裂き織りの衣。
4.布を裂くための小刀。
5.手首を動かすことできれいに裂ける。
6.加藤智津絵さんのモアレのタピストリー。

モアレ（干渉縞）の半幅帯

モアレは技法的には畝網代織りです。隣り合う縞の差を一定にすることで視覚的錯覚で別の柄を浮かび上がらせる等差織りの一種です。半幅帯は幅が限られているため5段階の等差数列による網代縞にしましたが、この段階を多くすればより繊細な流線形を描くことができます（等差織りは145ページのバッグでも取り上げています）。

| A |B| C | D | E | F | E | D | C |B| A |

たて糸:A+B+C+D+E+E+F+E+D+C+B+A=209本
A:（紺1本+ピンク1本）×15+紺1本=31本
B:（紺1本+ピンク1本）×2+紺1本=5本
C:（紺1本+ピンク1本）×5+紺1本=11本
D:（紺1本+ピンク1本）×8+紺1本=17本
E:（紺1本+ピンク1本）×11+紺1本=23本
F:（紺1本+ピンク1本）×17+紺1本=35本
よこ糸:a+b+c+d+e+d+c+b=85段1パターン
a:裂き布3段=3段
b:（裂き布1段+綿糸1段）×3+裂き布1段=7段
c:（裂き布1段+綿糸1段）×5+裂き布1段=11段
d:（裂き布1段+綿糸1段）×7+裂き布1段=15段
e:（裂き布1段+綿糸1段）×9+裂き布1段=19段

【DATA】
たて糸総本数:209本（紺110本・ピンク99本）
整経長:4.5m　通し幅:17.4cm
筬目:120羽　よこ糸密度:8段/cm
たて糸:綿糸（紺）495m、綿糸（ピンク）450m
よこ糸:訪問着200g〈裂き幅0.8cm〉、極細綿糸510m

織り上げた帯は、丸めてよく揉むことで目を詰まらせるのが仕上げのポイントです。

こぎん刺しと菱刺し

**寒さをしのぐための生活の知恵として発達した刺し子。
津軽のこぎん刺しと南部の菱刺しには
見た目の色だけでなく刺し方の違いもありました。**

藩政の時代に思いを馳せて

雪の降りしきる青森に行ってきました。

飛行機に乗る前から、天候状況によっては羽田に引き返すという条件付きのフライトでしたが、無事青森空港に着地することができました。

東京育ちの私にとって、青森郊外にある空港の一面の雪景色には幻想的な感動すら覚えましたが、藩制の時代、青森の人たちは一年中麻の衣《ころも》をまとっていたことを考えると、どれだけの寒さをしのいでいたのでしょう。

木綿はもともと亜熱帯植物なので寒冷地では育ちません。木綿の布は高価なものだったので、せめて手に入れることのできる木綿の糸で麻布の目の隙間を埋める、その麻の衣の耐寒・補強・装飾を兼ねて刺し子の文化は広がりました。

いま私たちは青森県とひとくくりにしていますが、かつてこの県は津軽藩と南部藩という二つの地域でした。

紺地の麻に白い木綿で描くのが津軽のこぎん刺し、浅黄色(あさぎいろ・淡い藍色のこと)の麻布に多色使いで刺すのが南部の菱《ひし》刺《ざ》し。それぞれの刺し子柄には梅・猫の目・そば殻など生活に密着した名前が付けられています。

「津軽藩ねぶた村」館内のこぎん展示作品。

こぎん刺しと菱刺しの違いとそれぞれの特徴

こぎん刺しと菱刺しには見た目の色のほか、刺し方にも大きな違いがあります。右の写真Ａがこぎん刺しの基本で、地布の目に１本３本５本と奇数のたて糸を刺していきます。それに対して写真Ｂの菱刺しは地布の目に２本４本６本と偶数で刺していきます。

それぞれの柄をつなげて大きな柄を構成する点は同じですが、それぞれのパーツを単独で見ると、こぎん刺しは縦長、菱刺しは横長の形をしています。次ページでは木綿糸を裂き布に変えて、こぎん刺しと菱刺しのデザインを浮き織りで表現してみました。

A

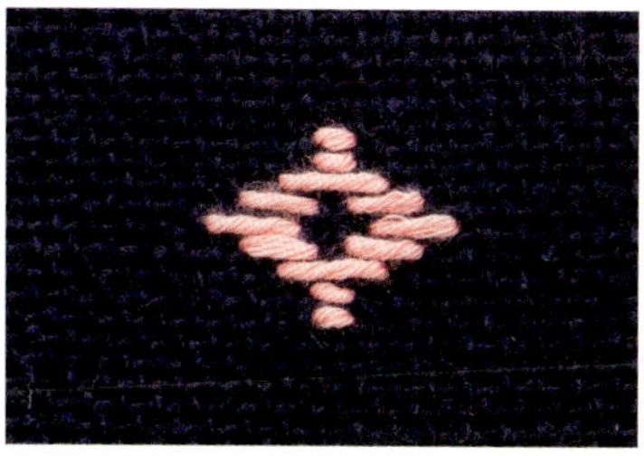

B

こぎん刺しと菱刺しの違い

こぎん刺しと菱刺しの基本的な刺し方。左の写真Aがこぎん刺し。写真Bが菱刺し。

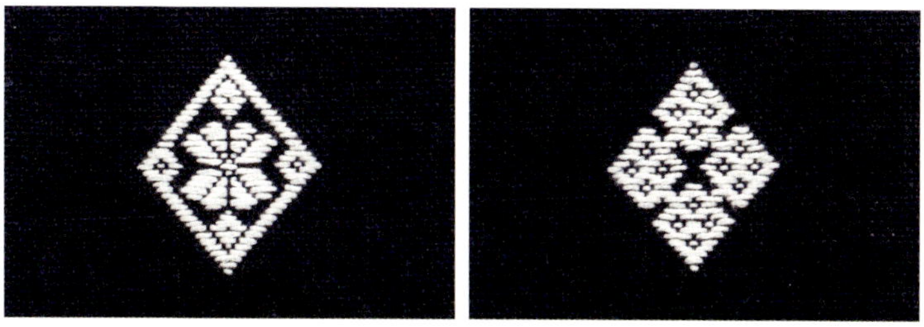

こぎん刺しサンプル

左は梅の花、右は花コつなぎ。

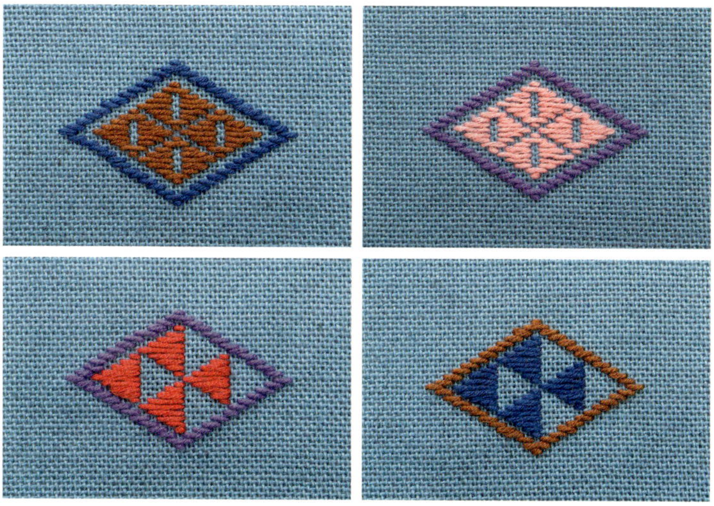

菱刺しサンプル

上2つはアシガイ（色違い）、下2つは、そばがらびし（色違い）。

こぎん刺し風デザインの浮き織りテーブルセンター

菱刺し風デザインの浮き織りテーブルセンター

見た目が刺し子風のできあがりになる浮き織り技法で裂き布を織り込んだテーブルウエアを織りました。浮き織りプロセスは42ページを参照してください。

▸ こぎん刺し風

【DATA】
たて糸総本数:63本　整経長:120cm
通し幅:21cm　筬目:30羽
よこ糸密度:3段/cm
たて糸:並太綿糸(青)80m
よこ糸:並太綿糸(青)50m、シルクシフォン(白)15g

▸ 菱刺し風

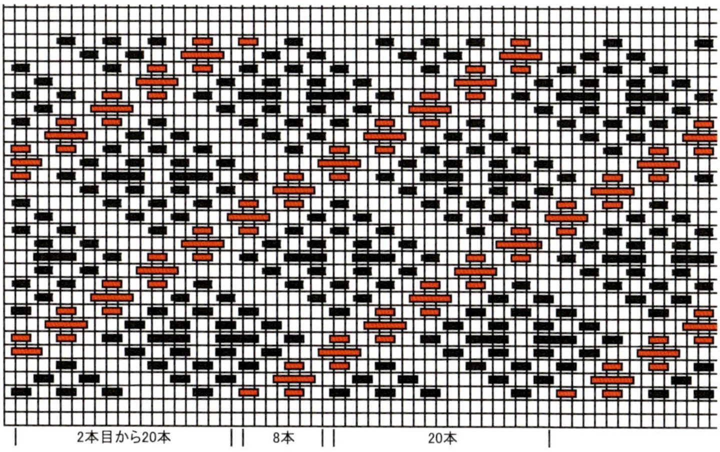

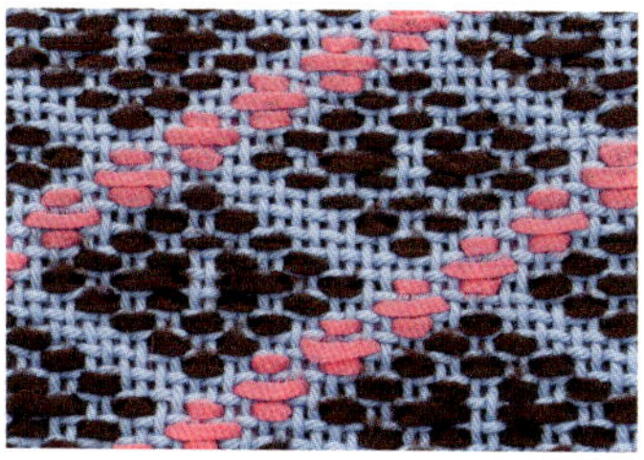

【DATA】
たて糸総本数:68本　整経長:120cm
通し幅:23cm　筬目:30羽
よこ糸密度:3段/cm
たて糸:並太綿糸(水色)70m
よこ糸:並太綿糸(水色)50m、
シルクシフォン(茶)15g、シルクシフォン(ピンク)5g

南部裂織

裂き織り紀行
青森

保存会の活動により息を吹き返した古い地機。
華やかな赤い裂き織りは、
暮らしを明るく彩るための工夫でもありました。

南部裂織を再生させた保存会の活動

旧南部藩は今の青森県と岩手県にまたがるあたりに位置します。木綿の育たなかった東北北部の家庭ではようやく手に入れたボロを布に再生する裂き織りは欠かせない作業でした。そんな裂き織りも時代の流れとともに全滅に近い状態で衰退しましたが、その流れを止めるかのように動いたのが菅野栄子氏（故人）です。

はじめは一人で農家を回り、納屋の隅に眠っていた地機を譲り受けてくることから始め、織りを学び、そして教え、仲間を増やし、今から40年ほど前に「南部裂織保存会」を立ち上げました。

現在の「南部裂織保存会・匠工房」は「道の駅とわだ」の敷地内にあります。多くの生徒さんや一般の体験者も受け入れているので工房内には数えきれないほどの地機《じばた》が並んでいます。新しい地機にまざって少しずつ形やサイズが異なるのが譲り受けてきた地機。それは各家庭で織り手の体型やその人にとっての使いやすい工夫を折り込んでいるからです。一度は畳まれた地機が保存会のみなさんの手で再生され、現役として動いている様子を見ると、地機そのものが裂き織りのようだと感じました。

地機の仕組み

現在の織機を使われている方で、地機は見たことも触ったこともないという方も多いと思うので補足説明です。たて糸のかかっていない地機の姿は枠だけです。整経したたて糸を筬に通してチマキに巻き取ったあと、片綜絖と言って綾棒の下糸、つまりたて糸を１本おきに拾って糸綜絖をつくりながら取り付けていきます。片方の開口は綾棒で、もう片方は綜絖枠に取り付けた紐を足で引くことで開口する、つまり２枚綜絖です。

打ち込みは刀杼《とうひ》（写真③）で行います。舟形シャトルタイプもありますが、刀杼は基本打ち込むための道具で片側の側面がとがっているのが特徴です。

開口させた糸口に裂き布を通した後、逆の開口に刀杼を力強く打ち込みます。南部裂き織りで使うたて糸はカラフルな綿糸、保存会の方の話によるとたて糸密度は５〜６羽/cmがほとんどとのことなので、それほ

「道の駅とわだ」にある匠工房。

機掛け途中の地機。

ど細かいわけではありませんが、ここの裂き織り布には力強さが感じられます。

華やかな赤い色と家族を思いやる炬燵掛け

最後に保存会のみなさんに「南部裂き織りの特徴は？」とお聞きしました。その答えは、「赤い色と炬燵掛け」。赤は家の中が暗かったから少しでも華やぎを出すため、炬燵掛けは互いに思いやる家族の象徴なのだそうです。

写真⑥は保存会設立30周年記念で開催された「南部裂織フェスタｉｎ十和田・炬燵掛け300枚展」の会場風景。南部の女の底力とおおらかさが伝わってくる迫力の１枚です。

あらためて「赤」という色の魅力に気づかされ、次ページでは「赤」をテーマにした作品をご紹介します。

南部裂織は刀杼を使って力強く打ち込む。

体験者のために色とりどりの裂き布をたくさん用意している。

刀杼の形もさまざま。

「炬燵掛け300枚展」の会場風景。（写真:和田光弘）

紅絹の色止めと草木染めのベスト

紅絹《もみ》とは、着物の胴裏のこと。その朱色に近い赤い色合い、薄手の絹の平織り地、裂き織りをする人なら一度使ってみたいと思う素材です。

ただ色落ちが激しいことと、少量の紅絹の寄せ集めで同じ赤を揃えるのが難しいなどの問題点があります。

この紅絹のベストはそれらを解消するために色止めをし、玉ねぎの皮の鉄媒染を染め重ね、色を整えてみました。ラメのたて糸に紅絹の杉綾織り、杉綾の組織は杉綾の巾着（30ページ）を参照してください。

【DATA】
たて糸総本数:252本　整経長:5m
通し幅:42cm　筬目:60羽
よこ糸密度:4段/cm
たて糸:中細ラメ糸1260m
よこ糸:紅絹700g
※ベストの仕立て方は178ページ参照。

赤い紅絹の
サンタケース

赤と言えばクリスマスカラー。紅絹の赤を生かしてサンタケースを織りました。平織りの地布に、白いもこもこ毛糸でノット織りの襟と浮き織りで裾飾りをプラスしました。

図は私の携帯電話のサイズ(14cm × 7 cm × 5 mm)に合わせてあるので、お手持ちの携帯電話やデジカメに合わせてサイズを変更するといいでしょう。

襟

裾

【DATA】
たて糸総本数:88本　整経長:100cm
通し幅:17.6cm　筬目:50羽
よこ糸密度:5段/cm
たて糸:スーピマ綿(赤)90m
よこ糸:スーピマ綿(赤)20m、紅絹10g〈裂き幅0.7～0.8cm〉、ウール変わり糸(白)2m

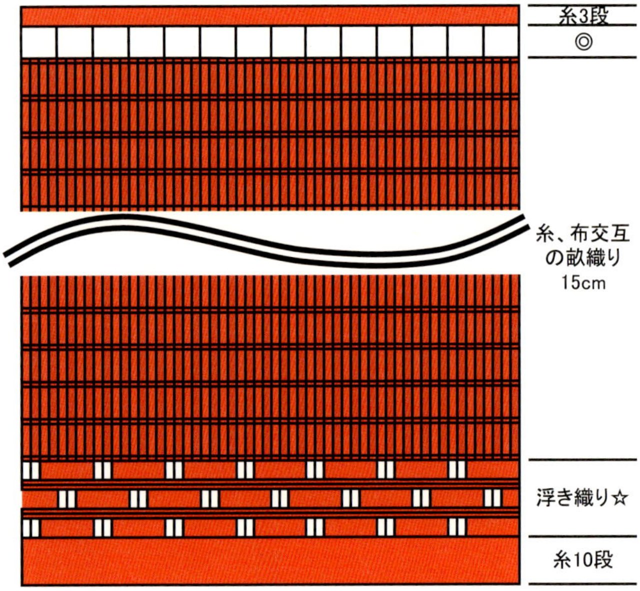

◎(襟部分)はウール変わり糸でたて糸4本のノット織り
☆(裾部分)は浮き織り。ウール変わり糸で2本飛ばして6本拾い、糸で平織りを2段

織り方

1 襟側から織り始めます。はじめに赤い糸で平織りをしたら10～13号程度の編み針を使いノット織りをします。

2 たて糸4本を一組とし、ふわっと仕上がるよう少し緩めに巻きつけます。

3 糸は切らずに連続でノット織りをします。

4 胴体部分を織ったら裾部分を織ります。上3本・下1本を繰り返してスティックでたて糸を拾い、毛糸を通します。

5 織り上がった布は襟部分を裏側に折り返します。

6 表に向けて、たて中心で折り畳むとサンタクロースのコートの形になります。

木のほぐし織り

裂き織り紀行
群馬

**スライスした木を素材にした木の織物。
組むことで紙にもなり、印刷もできるので
織物の可能性は無限に広がります。**

経木を素材にした織り

裂き織り素材は布ばかりではなく、トウモロコシや筍の皮、ラフィア、レモングラスなどの植物も使います。スライスした木（経木）を素材に、敷物や表彰状、壁紙などを織っているところがあると知り、群馬県にあるＮＰＯ法人里山の学校を訪ねました。そもそも里山の学校は障害者と地元の女性雇用、そして地域起こしが目的で立ち上げられた法人で、当初は経木もお土産物用の型抜きシールとして使われるくらいでした。

その後、経木に薄いメッシュの布を貼ってから細い幅にカットすれば耐久性ができることがわかり、『木の織物』へと進んでいきます。

下の写真に群馬県のゆるキャラ、ぐんまちゃんのコースターが写っていますが、これはぐんまちゃんを経木にプリントし、スライスしてから織り込んだ「柄の再生」（20ページ参照）。家族写真など思い出も『木の織物』として残すことができます。

朱子織りの表彰状

表彰状などはスライスした経木同士を手作業で組んでから紙状にしています。おもしろいと思ったのはそれを朱子織り（94ページ）にしていること。いくら薄くスライスされたとはいえ、多少の厚みがあり、平織りや綾織りで組むとどうしても隙間ができてしまいます。試行錯誤の上、たどり着いたのが５枚朱子織りなのです。この表彰状は群馬県の表彰状として採用され、他県からも依頼が殺到しているとか。依頼されると、まずは材料となるその県の木を送ってもらうそうです。

このほかにも、紹介しきれないほどたくさんのアイデアがあり、木織りの可能性を感じさせる有意義な旅でした。

1.「道の駅たくみの里」の中にある里山の学校。
2.経木を組んで手作業で紙を作る。
3.お土産用の木の型抜きシールやコースター。
4.柔軟性のある木織りの布はバッグ地にもなる。

木の明かりと
トウモロコシのテーブルセンター

　里の学校で分けていただいた木を柿渋染めにして、明かりをつくりました。大きい明かりは絹糸と組み合わせて糸と交互にはさみ込むように木を織り込んでいます。小さい明かりはたてを木そのままの色で、よこは柿渋染めしたものを５枚朱子で組み込みました。

　明かりをつけると柿渋染めの濃淡が柄として浮かび上がり、心の安らぐ作品となりました。もうひとつ植物の裂き織りとしてトウモロコシの皮でテーブルセンターを織りました。柿渋染めとトウモロコシの皮の染色については160～161ページを参照してください。

▸ 木の明かり(小)

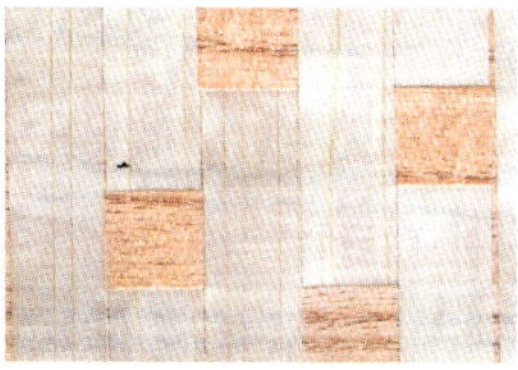

【DATA】
生成り経木1.5cm幅×50cm　10本
柿渋染めの経木1.5cm幅×15cm
56本

5枚朱子

▸ 木の明かり(大)

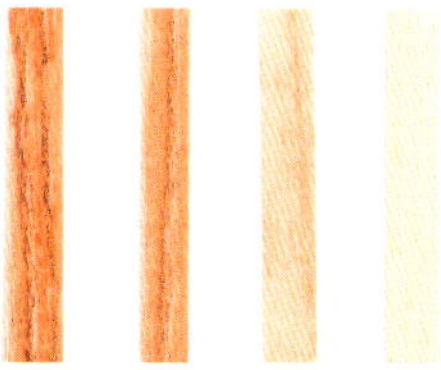

【DATA】
たて糸総本数:88本　整経長:130cm
通し幅:22cm　よこ糸密度:1段/cm
たて糸:中細シルク120m
よこ糸:1cm幅×25cmの経木80本
(柿渋染めの濃淡4色×20本)、中細シルク20m

織り方

1　そのままの木と柿渋染めをした木を必要な長さに切ります。

2　方眼の紙の上で、5枚朱子に組んでいきます。

3　薄い接着芯を貼ってから、必要な大きさに切って木枠に止めつけます。

▸ トウモロコシの皮のテーブルセンター

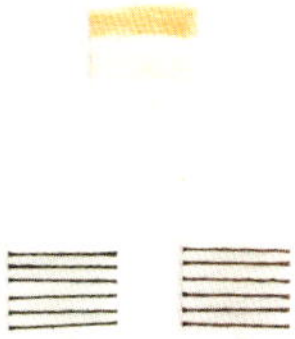

【DATA】
たて糸総本数:174本
整経長:130cm
通し幅:28cm
よこ糸密度:3〜5段/cm
たて糸:中細シルク230m
よこ糸:トウモロコシの皮〈裂き幅1㎝〉適宜

織り方

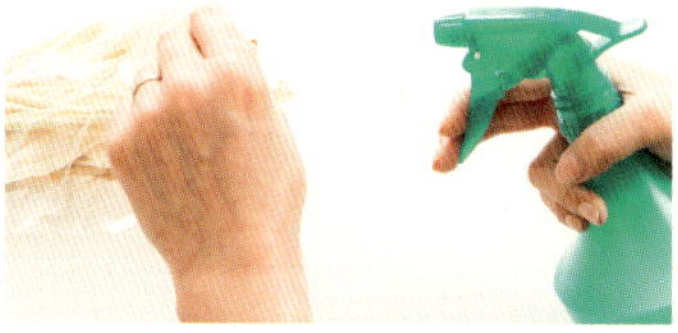

1　トウモロコシの皮は生成り色になるまでしっかりと乾燥させてから保存します。

2　使うときは霧吹きなどで軽く湿らせてから裂きます。

3　裂いたトウモロコシの皮は重ねながら織っていきます。

播州織り

裂き織り紀行
兵庫

**生活に密着した西脇の地場産業である播州織り。
織りの工程でできる耳糸をいただき、
裂き織りの材料にしました。**

国内シェアの70%を占める播州織り

新大阪から高速バスに乗って、播州織りのふるさと兵庫県西脇市を訪ねました。

西脇の地場産業の播州織りは機械織りの綿織物です。製品はシャツやシーツなどに使われていますが、国内シェアの70%を誇っているので、私たちはきっと知らない間に播州織りを身にまとっていることでしょう。

のこぎり屋根の織物工場を改築した「播州織工房館」では、シャツはもちろんのこと様々な試みの作品が見られます。

播州織りの歴史を知りたかったら、「西脇市郷土資料館」がおすすめ。往時の播州織りの様子が非常に整理された状態で展示され、見ごたえ十分です。と言っても、私の目的は西脇観光ではなく、播州織りの布を製造する「大城戸織布」を訪ねることでした。写真③は工場内に並ぶ約20台の織機のうちの1台の全景、また写真④はその部分拡大です。

手芸材料としても使える耳糸

自動織機の場合、織り布を端までまるごと使えるように織り幅分のたて糸の両端に隙間を空けて余分なたて糸をかけます。織るときは余分なたて糸分も含めた幅で織ります。つまり両端空羽状態で織っていきます。

そして織り上がった布を巻き取るとき、織機の巻き取り側のちょうど空羽の位置にカッターが設置されていて、巻き取ると同時に余分な布がカットされていきます。つまり余分なたて糸を用意することで耳が詰まることなく確実に必要な織り幅の布が織れるということ。そのひも状の捨て織り布部分を耳糸と言います。

捨てる部分のたて糸なのでその密度は粗く、たいていの耳糸はほかに使い道のないぐずぐずな状態ですが、大城戸織布の代表・大城戸祥暢氏は耳糸のたて糸密度を調節し手芸材料として使えるよう尽力しています。

1.のこぎり屋根の播州織工房館。
2.「大城戸織布」代表の大城戸祥暢さんと。
3.播州織織機
4.織り布を巻き取る時に耳糸は裁断される。

耳糸で生成りと藍染めの口金バッグ

そのふさふさした毛足とやさしい生成り色、それだけで十分に魅力的な播州織りの耳糸。

ひとつは生成り色のままで、もうひとつは藍で染めて口金バッグに仕立てました。

糸そのものが魅力的な時はサクサク織れる平織りが一番効果的な織り地になります。

強く打ち込みすぎると固くなるので、柔らかく織れる卓上織機で十分に楽しめます。

【共通DATA(2点)】
たて糸総本数:90本
整経長:1.2m
通し幅:30cm
よこ糸密度:1段/cm
たて糸:スーピマ綿(青または白)110m
よこ糸:播州織り耳糸150g
※丸ハンドルの口金バッグの仕立ては181ページ参照。

生成り

【共通DATA（2点）】
糸の長さ: 3m
織り上がり:約1.5m
使用糸:テープヤーン・播州織り耳糸
各30m

ゆび織りマフラー2種

織り機を使わずに布を織るゆび織り。ボリュームたっぷりですが、播州織りの太い耳糸ならあっという間に織り上がります。

下準備として耳糸（以下A）とテープヤーン（以下B）を、3m各10本ずつ用意し、紐で束ねて重しを置いて動かないようにします。

A、B各5本を拾い、その間に編棒を入れます。次に編棒の下にある糸を上糸の間から、交互に拾い、その間にもう1本編棒を入れます。2本の編棒を輪ゴムで固定して織り始めます。

藍染め

▸ ゆび織りの基本

1

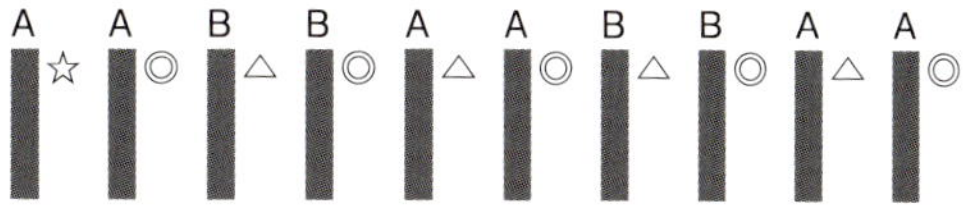

1番左側の1本（☆）をよこ糸として◎印の下をくぐらせる。

2

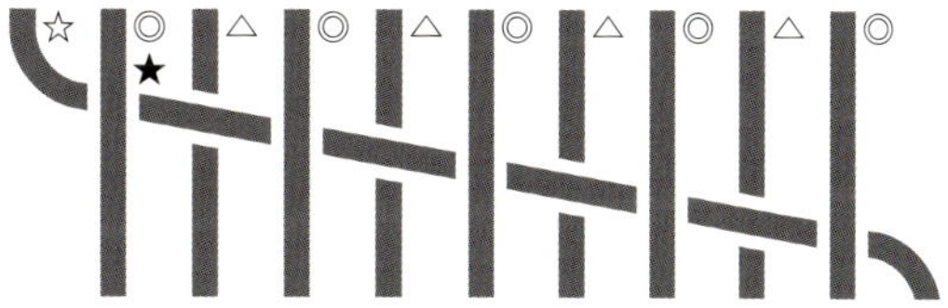

1段織った状態。この状態で一番左側の1本（★）をよこ糸として、今度は△印の下をくぐらせる。

3

2段織った状態。次は◇をよこ糸として◎印の下をくぐらせる。前の段でよこ糸とした糸☆は下におろしてたて糸とする。

4

3段織った状態。よこ糸にした糸は次の段では一番右のたて糸となる。このように一番左側にある糸をよこ糸として織り進める。織れなくなったらネクタイ結びでとめる。

耳糸とテープヤーンを1本ずつ拾った間によこ糸を入れる。

▸ ゆび織りマフラーの出だし

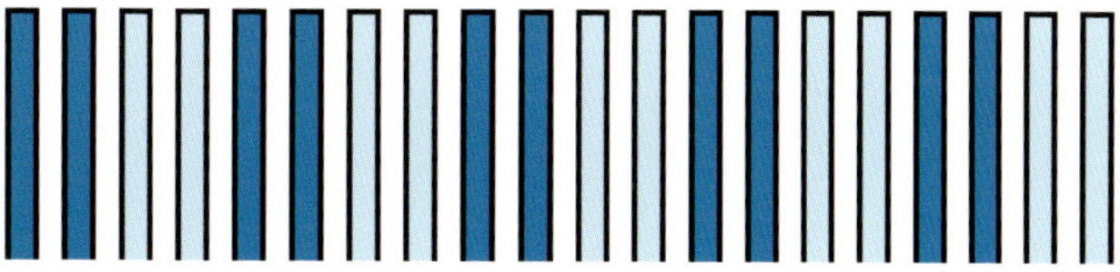

（播州織り耳糸2本＋テープヤーン2本）×5＝計20本

ジーンズ工場

裂き織り紀行
岡山

**染色から製織までを手がける
ジーンズ工場を見学。
廃材となる耳糸、房耳を利用してみました。**

デニム地を一貫して生産する織物工場を見学

国産デニム生地のシェアのほとんどは山陽地方で占めていることはご存知でしょうか。山陽道、つまり備中の国が江戸時代、綿花と藍の栽培を奨励したことが今につながる基礎となっています。

デニム生地をつくる工程は、紡績・染色・製織・仕上げに分かれますが、染色工程から一貫して行っている岡山県のクロキ株式会社の工場見学をさせていただきました。デニム地つまりジーンズはもちろん裂き織りではありません。でも織物工場と言えば廃材はつきもの。その廃材を利用することこそ現代の裂き織りといえるのではないでしょうか。

工場での糸の藍染めはロープ染色といい、先に整経した糸の束（つまりロープ状）で染めます。何kmもの長さのロープを巨大な機械で屏風畳み状で藍染液に浸す・発色させる、を繰り返したあと、洗う、乾燥させるを経て、大型コイルにたて糸として巻き取られていきます。

デニム地の廃材で新しい裂き織りを

ところで自動織機の廃材は2種類あります。ひとつは耳糸で、もうひとつは空羽をせずに織った布の端をカットした「房耳」です。次ページではこの2点を用いた作品を提案しました。

また、デニム地の基本は1/3の綾織りで、片面はたて糸が目立ち、もう片面はよこ糸が目立つためジーンズ地には表裏の色の違いがあります。その色の違いを利用した作品は18ページに掲載されていますので合わせてご覧ください。

岡山の児島は、デニム地のおひざ元だけあり、多くのジーンズの加工会社があります。それらのアンテナショップや個人のアトリエショップが軒を連ねるのが「児島ジーンズストリート」。今回は残念ながらうかがえませんでしたが、次回はぜひ立ち寄りたい場所です。

①藍染液に浸す、発色させるを繰り返す染色機。

②藍染めした糸はロープ状のまま乾燥させる。

③藍染めの糸は大型コイルに巻き付け、たて糸となる。

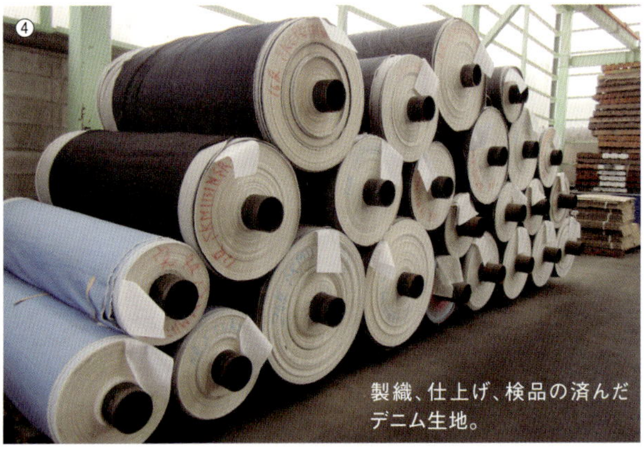

④製織、仕上げ、検品の済んだデニム生地。

ジーンズの耳糸で はさみ織りラグマット

播州織りと異なり、ジーンズの耳糸はもともと廃材として処分しているものなので、たて糸やゆび織りには向きません。でもはさみ織り、つまり押さえる糸も一緒に織ればラグマットには最適です。

どのような布を織ったのでしょうか、箱の中に金銀の固い耳糸も入っていたので、ポイントで織り込みました（はさみ織りは66ページ参照）。

【DATA】
たて糸総本数:122本（120本両端2本取り）
整経長:140cm　通し幅:40cm
筬目:30羽　よこ糸密度:4段/cm
たて糸:細綿糸（茶）170.8m
よこ糸:ジーンズ端布（白黒混・黒）、細綿糸（黒）、変わり糸（ゴールド）

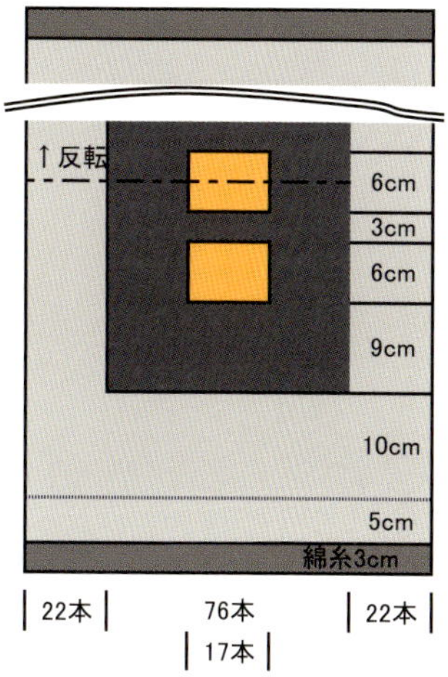

ジーンズ端布と黒綿糸を交互に1段ずつ織る。
図のように中央部に変わり糸のはさみ織りを入れる。
織り始めと織り終わり8cmは折り返してまつる。

織り方

1 それぞれの糸をシャトルに巻き、図の数字に基づいてよこ糸を通します。太い糸なのでよこ糸同士は絡めません。

2 細いよこ糸を織り幅に通し、しっかりと打ち込みます。

ゆび織りで織る ジーンズの房耳のポーチと 口金バッグ

　このジーンズの房耳は最近ひそかなブームで一部手芸店などでも扱われています。ただ実際に廃材の再利用なので、播州織りの耳糸もＴシャツテープも、その時々によって幅が多少異なります。

　手に取って購入する場合は幅を確認することもできますが、あるものをどう生かすかを工夫するのがリサイクルの醍醐味ですね。

【DATA】
デニム紐2cm幅　1m×16本
方眼紙に貼りつけて、25cm幅×60cmになるように織る。
※丸ハンドル口金バッグの仕立て方は181ページ参照。

織り方

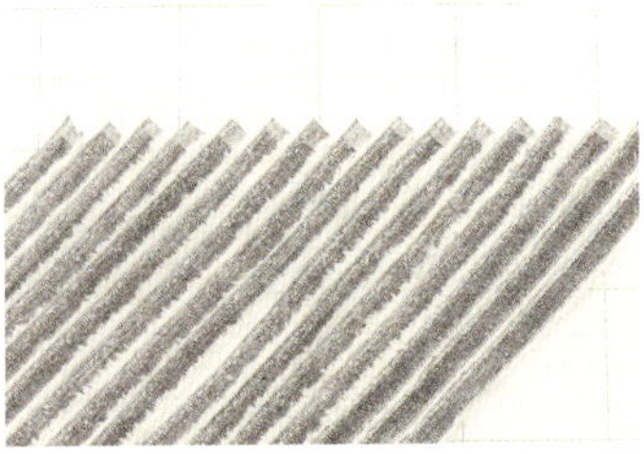

1 固いテープ状の房耳はしばれないので、マス目の紙に斜めに並べてセロハンテープで仮止めします。

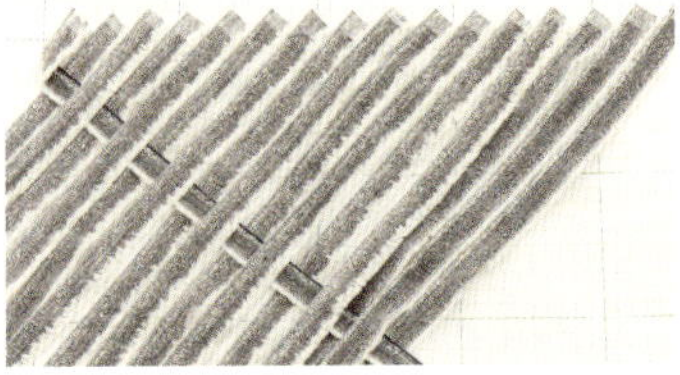

2 左端のたて糸が1段目のよこ糸です。テープを1本おきに拾いその隙間に1段目のよこ糸を折り返して入れます。

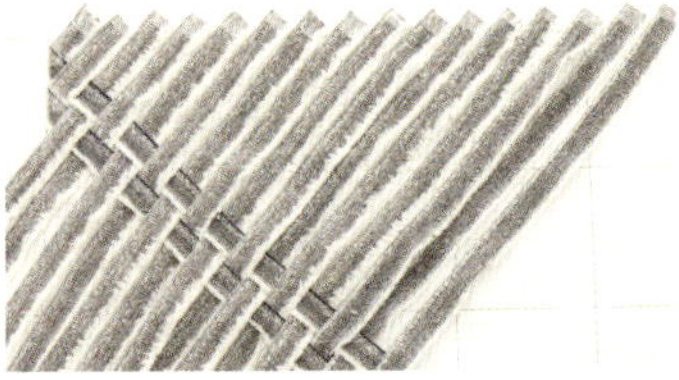

3 2段目のよこ糸も左端の糸です。1段目と異なるテープを拾ってその隙間によこ糸を入れます。

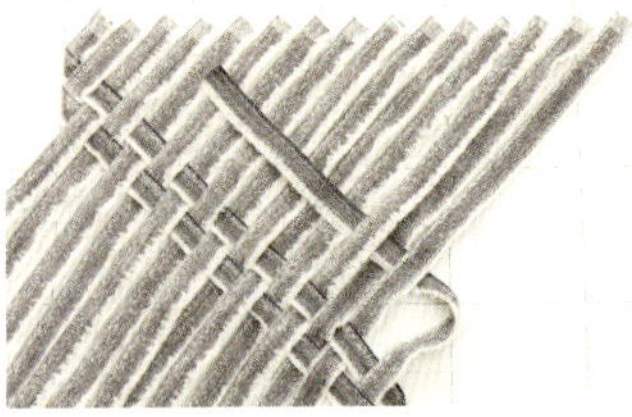

4 2段同じ側から織ったら、右端のたて糸のセロハンテープを外し、幅を確認しながら上に向かって織ります。

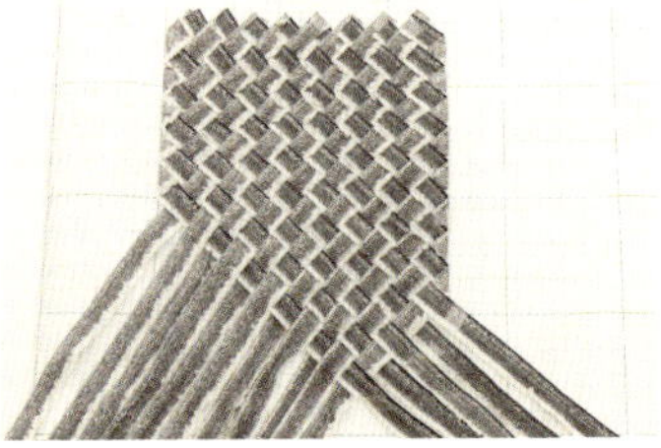

5 口金は幅のサイズが決まっているので、織り布のはじめと幅を揃えてから織り進むといいでしょう。

SAKURADA street

わたしにとっての原風景はビルと首都高のある街並み、染織を始めたころの記憶に重なります。

今、原風景と重なるところに住んでおり、忙しい日々の中でちょっとした区切りがつくと窓辺に立ってその景色を眺めています。

この本のためにジーンズ工場の廃材と播州織りの耳糸でタピストリーを織ろうと思ったとき、真っ先にこの窓の外の景色が浮びました。

一番好きな時間帯、朝方の白々と明るくなり始めた空の色を出すため播州織りの耳糸をカテキューでベージュに染めました。

【DATA】
90×200cm　はさみ織り（66ページ参照）
素材:綿糸・ジーンズ工場廃材・播州織り耳糸
2015年6月

窓から見える桜田通り

ネクタイ工場

かつて絹織物の街として栄えた
東京・八王子にあるネクタイメーカー。
資料館では膨大な数の織機に目を奪われました。

ネクタイメーカーのトップを走る工場を見学

かつては近隣から送られてきた繭を糸にし、布として織り上げていた絹織物の街・八王子。今は東京郊外の住宅地となり、絹織物工場の数も減ってしまいましたが、今もなお広大な敷地の工場を構えているのが成和株式会社。省エネルックの台頭で、ネクタイそのものの需要も減りましたが、今も様々なニーズに対応しているネクタイメーカートップの工場見学をさせていただきました。

ご存知のようにネクタイは布地をバイヤスで仕立てます。製織から仕立てまで一貫作業の工場なら当然端切れも出るはず！　という期待もありましたが、その敷地内に織機ファクトリー（一般見学は受け付けていません）があると聞き、ぜひ見学させてもらわなければと思いました。

膨大な量の織機など貴重な資料の数々

織りの産地であれば、地域で使われてきた織機の並ぶ織物会館や郷土資料館は必ずと言っていいほどありますが、一企業が独立した建物の資料館を持つのは珍しいのではないでしょうか。

特に八王子は空襲を受けており、古い織機は消滅したとのこと。戦後に収集した織機やその周辺の道具類は八王子にこだわらずに集めたため、年代も地域も機種も千差万別。そして膨大な量。初期のころの木製ジャガード織機や手機のボータイ織機など、ネクタイの会社ならではの、他では見ることのできない貴重な資料を見せていただきました。

ネクタイは、本製品を織る前に色を変えての試作品があり、たくさんの端切れをいただきました。18ページの布の表裏で柄を織るバッグや、92ページの蜂巣織り巾着でもネクタイの布を使っています。

1.検品をする職人さん。ネクタイ工場は随所に手作業が入る。
2.手動式のボータイ織機。
3.初期の木製ジャガード織機。
4.ファクトリーにはあらゆるタイプの織機が並ぶ。

等差《とうさ》または等差数列とは、隣り合う２項の差が相等しい数列のこと。

いただいてきたネクタイの端切れを2.5mm間隔の等差でカットし、押さえで細い糸も入れて織り込みました。たて糸もそれに合わせて、変形の動きをするようにかけています。そのことによるモアレ現象で、不思議な織り地になりました。不安定な織り地なので、機から降ろしたらすぐに接着芯を貼るといいでしょう。等差織りの作品は120 ～ 123ページの佐渡でも出てくるので参考にしてください。

等差織りのトートバッグ

▸ バッグ(大)

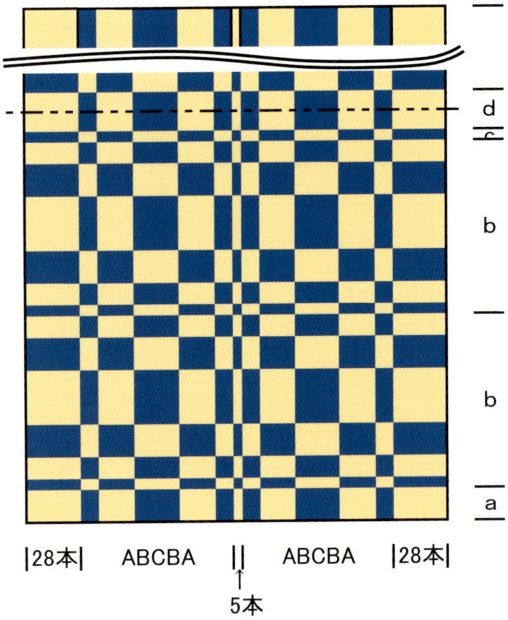

たて糸A:2本取り2本ずつ×3、B:2本取り3本ずつ×3、
C:2本取り4本ずつ×4
28本+A+B+C+B+A+5本+
A+B+C+B+A+28本=229本
よこ糸:織り始めと織り終わりは中細綿糸7段
a+b+b+c+d+c+b+b+a
パターンa:(テープ0.75cm+極細平織り2段)×4
パターンb:(テープ0.25cm+極細平織り2段)×3
(テープ0.5cm+極細平織り2段)×3
(テープ1cm+極細平織り2段)×3
(テープ1.5cm+極細平織り2段)×3
(テープ1cm+極細平織り2段)×3
(テープ0.5cm+極細平織2段)×3
パターンc:(テープ0.25cm+極細平織り2段)×3
パターンd:(テープ0.5cm+極細平織り2段)×5

【DATA(バッグ大)】
たて糸総本数:229本(一部2本取り)
整経長:150cm　通し幅:45.8cm　筬目:50羽
よこ糸密度:ネクタイ地の幅により異なる
たて糸:中細綿糸(ベージュ)350m
よこ糸:極細綿糸(ベージュ)80m、ネクタイ地各50cm(0.25cm幅×18本、0.5cm幅×24本、0.75cm幅×8本、1cm幅×24本、1.5cm幅×12本)

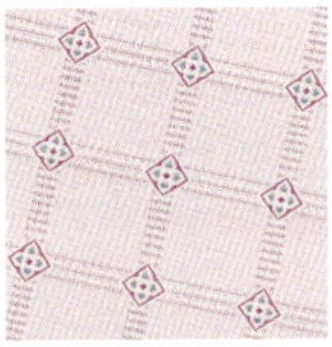

【DATA(バッグ小)】
たて糸総本数:150本　整経長:120cm
通し幅:30cm　筬目:50羽
よこ糸密度:ネクタイ地の幅により異なる
たて糸:中細綿糸(グレー)290m
よこ糸:極細綿糸(黒)40m、ネクタイ地　各40cm(0.5cm幅×24本、1cm幅×16本、1.5cm幅×8本、2cm幅×4本)
※織り方はバッグ(大)を参考にしてください

織り方

1 ネクタイ地は5mm間隔の等差幅であらかじめ必要本数をカットしておきます。

2 たて糸も図を基に本数を変えて掛け、カットしたネクタイ地をはさみ込むように入れます。

3 ネクタイを1段織ったら、細い糸を押さえで2段織るのを繰り返します。

ネクタイとラメ糸のパーティーバッグ

ネクタイの中でも白っぽいものと黒っぽいものをそれぞれ5本ずつ使ってバッグ地を織りました。たて糸にはラメ糸を使い、よこ糸はネクタイと交互にスパンコールの入った変わり糸を織り込んでいます。

もちろん絹素材のネクタイを厳選。元がネクタイであるイメージを払しょくしたおしゃれなパーティバッグになりました。この口金バッグの仕立ては181ページを参照してください。

【共通DATA(2点)】
たて糸総本数:150本
整経長:120cm
通し幅:30cm
筬目:50羽
よこ糸密度:4段/cm
たて糸:中細ラメ糸180m
よこ糸:ネクタイ5本〈裂き幅1cm〉、スパンコール付ラメ糸40m
※ネクタイとスパンコール付ラメ糸を交互に平織りする

織り方

1 バッグにするために使ったネクタイ。

2 ネクタイはまず丁寧に解体し、アイロンをかけます(写真のネクタイはバッグに使用したものと別物です)。

3 カッターとハサミを併用し、一定幅になるように切っていきます。

裂き織り紀行
東京

オーガニックコットン

**こだわり抜いた原綿を輸入し、
糸づくりから製品製造までを手掛けるアバンティ。
いただいた端切れは柔らかで、素晴らしい素材でした。**

糸作りから仕立てまでを一貫して行う

友人に化学繊維でかぶれやすい人がいて、直接肌に触れるものは、とあるメーカーのものを着用していると言います。たまたまですが、私も出産祝いなどに同じメーカーのものをよく選びます。

そのブランド、オーガニック原綿を輸入し、糸づくりから最終製品の製造販売を行っている（株）アバンティを訪れ、お話を伺ってきました。

オーガニックコットンとは、3年以上、農薬や化学肥料を使っていない畑で栽培された綿のこと。そしてアバンティのこだわりは「メイドインジャパン」。もちろん原綿のほとんどはアメリカ・テキサス州から輸入していますが、糸づくり・生地・最終製品はすべて国内。安心・安全のために原綿から含め、いつ、だれが、どこでつくったかを管理しています。

端切れのコットンもしっとりとした肌触り

いろいろなお話を聞かせていただいた後、仕立ての時にどうしても出てしまう端切れをいただいてきました。

ここの製品はすべて無染色ですが、茶綿などカラードコットンもあるためナチュラルトーンと言っても多種多様。また糸をつくる過程で必要以上の油を取らないのでとてもしっとりとした肌触り。次ページの作品ではなるべく端切れそのままを生かすよう織り上げました。

今アバンティでは、国内綿花栽培プロジェクトに取り組んでいます。まだ数字を語れるほどの量ではないけれど、いつか国産綿花で自社製品をつくっていきたいと熱く語っていただきました。

1.アメリカ・テキサス州のオーガニックファーマーたちは、有機肥料を使って原綿を育てている。
2.農場で採れた綿花。綿花の種も遺伝子組み換えでないものに限定している。
3.紡績の段階からNPO法人日本オーガニックコットン協会の憲章に則って作られる。
4.生成り、またはカラードコットンの天然の綿の色を大切にした布が次々と出来上がっていく。
5.いただいてきた端切れの数々。自然の色合いが美しい。

 写真提供:（株）アバンティ

オーガニックコットンの裂き織りクッション

元が同じ綿でも産地や種類によって生成りの色は変わります。薄手の柔らかい布の端切れは長さも幅もまちまちなので、同じような色を集め、大体3cm幅くらいに揃え、変化綾織りではさみ込むように織り込みました。

麻のたて糸にオーガニックコットはナチュラルになじみ、どんなシーンにも使えそうなクッションができあがりました。

オーガニックコットンの端切れは、76ページの模紗織りでも使用しています。

▸ **変化綾織り**

▸ **変化綾織り(写真左)**

表

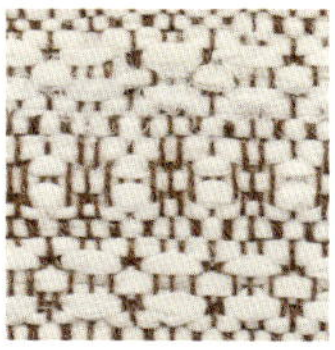

裏

【DATA】
たて糸総本数:122本(120本両端2本取り)
整経長:140cm　通し幅:40cm
筬目:30羽
よこ糸密度:約2.5段/cm
たて糸:中細麻糸(茶)175m
よこ糸:オーガニックコットン切落し布　幅ランダム

▸ **平織り(写真右)**

【DATA】
たて糸総本数:240本(2本取り)
整経長:140cm　通し幅:40cm
筬目:30羽
よこ糸密度:約1.5段/cm
たて糸:中細麻糸(ベージュ)340m
よこ糸:オーガニックコットン切落し布　幅ランダム3種類(生成り・麻グレー・縞)

Circle of life
–冬編–

水上のたくみの里に取材に行った日は前日から降り続けた雪で一面の銀世界でした。点在する体験工房までの道すがら、ところどころ広い空間がありました。地元の人に「雪の下には何があるの？」と聞くと、「花畑。春から秋までいろんな花が順番に咲くんだ。」と教えてくれました。へえっと思って雪景色に目を移した時、一面に咲き誇る花を見たような気がしました。

このタピストリーはそんなふうに春を待つ花をイメージしています。また、そのイメージにぴったりのオーガニックコットンを織り込んであります。

【DATA】
85×180cm　バウンド織り（56ページ参照）
素材：綿糸・オーガニックコットン・木綿布
2015年3月

群馬の絹

**今も絹にこだわり続ける群馬県。
研究機関、製糸現場、販売の拠点などを訪ねました。**

今でも現役で動き続ける製糸工場

かつて国内でも盛んだった養蚕は輸入シルクの台頭や生産農家の後継者不足で往時に比べ激減してしまいましたが、今も日本の絹にこだわる人は多くいます。特に群馬県は今も結束が強く、群馬県立繊維工業試験場を筆頭に絹製品問屋の絹小沢株式会社、絹糸店「絹の小径」など関係者の方から絹に対する思いを聞かせていただきました。

なかでも一番興味深かったのは、碓氷製糸工場です。製糸工場というと世界遺産に認定された富岡製糸工場が頭に浮かぶ方も多いと思いますが、富岡製糸場は過去の遺産。でも碓氷製糸場は今でも富岡製糸場にあるのと同じ機械を現役で通年動かしています。

工場見学させていただいたのは丁度新繭のシーズン。養蚕農家から届いたばかりの繭はまだその繭の中に生きた蛹がいるため、まずは5時間かけて乾燥させます。乾燥させた繭は湯に浸され、箒状のブラシが高速回転する中で糸口を見つけるまで揉まれます。

するすると糸が引き出される糸口を見つけ出すまでの、表面のくず糸は湯の中から拾われ綛にしておなじみの生皮苧糸《きびそいと》になります。生皮苧糸には、生糸ほどのつややかさはありませんが、節があり織るとおもしろい表情の布になります。絹にしては安価なため愛好者も多かったのですが、製糸の現場でしかつくられないため、今では幻の糸となりつつあります。一方糸口のできた繭は、繭9個分くらいを引き揃えて生糸にしますが、繭の最後は糸の太さが一定ではなくなった時点で除かれます。残った繭も蛹は取り出されて釣り餌などに、繭は粉末にして化粧品に。繭は全く無駄がないって本当ですね。

次ページでは絹の端切れのコサージュを紹介します。

1.製糸する繭は湯に浸したあと、巨大なブラシで糸口を探す。
2.手前に見えるカセが、生皮苧糸。繭表面のクズをそのまま糸にする。
3.引き揃えた繭の糸が切れると、職人さんがすかさずつなぐ。
4.届いたばかりの新繭。

シルクジョーゼットで 草木染めコサージュ

絹は草木染めで良く染まる素材です。シルクジョーゼットの端切れを群馬でいただいたので、電子レンジで草木染めしました（染める手順は161ページ参照）。

クルミとクチナシとラックダイでまだらに染めたシルクジョーゼットは1cm幅に裂いて、ダンボール織機で6枚の花びらに織り、軽い仕上がりのコサージュに仕上げました。

このダンボール織機でのコースターの織り方は172ページにも掲載しています。

【DATA】
たて糸総本数:48本
たて糸:スーピマ綿（ピンク）5m
よこ糸:シルク端布（クルミ、クチナシ、ラックダイ染め）10g

織り方

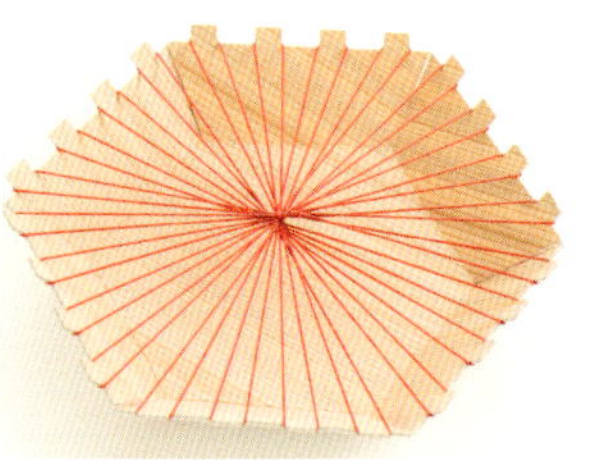

1 たて糸をかけ、6等分の目印をつけて花びら1枚ずつ織っていきます。

2 1枚はたて糸1/4を残したところまで織り、次の1枚に移ります。

3 6枚の花びらが織り上がりました。

4 織った花びらはそれぞれ端まで詰めます。

5 織機からそっと外し、花びらの形を整えます。

6 花びらの根元が2cm位のところでたて糸を束ね、花びらの重ねに気を使いながら、もう一度裏からしばります。

着物地の裁断

裂き織り紀行
京都

**着物の布裂き加工を請け負っている京都手織研究所。
手軽な織機の開発のきっかけをお聞きし、
実際に布裂きの体験もしてきました。**

切れ味抜群の着物を裂く機械を体験

手持ちの着物で裂き織りをしたい、でも着物地を裂くのは手間がかかる。そんな人のために着物の布裂き加工をしてくれる京都手織研究所を訪れました。

代表の角森範久氏のもともとのご職業は学校教材会社勤務。あるとき女子高の先生に授業で使う手軽な織機はないかと聞かれ、自分で試作を始めたのが織りとかかわる第一歩でした。その後改良を重ねた織機はフラミンゴの名で売られているのでご存知の方も多いと思います。

じつは角森さんとはかなり古いお付き合いで、山科の工房を訪ねるのも実は2度目、この布裂きの道具には今回の本でも大変お世話になっています。

写真①がハンドメイド感たっぷりの布裂き道具の全景です。着物の両端は伸子張りの張り木のようなものでとめつけます。それを長さ調節のできる本体にセットして、着物はかなりしっかりと張ります。次にレール幅のカッターをローラーに添えて布をあて、レールに沿って着物を裂いていきます。

私も持ち込みの着物だったので、実際に作業をさせていただきましたが、とっても気持ちがいい切れ味！　一番のポイントは布全体をピンと張るところにあるようです。道具を使うといってもほとんど手作業による布裂きですが、その理由は着物によって、ほつれやすい、引っかかりやすいなど裂きにくい着物がどうしても存在するからです。それを見極めるのが職人の手加減です。試した上でお断りすることもあるそうですが、ご希望によって着物の解体作業からしてくださるそうです。

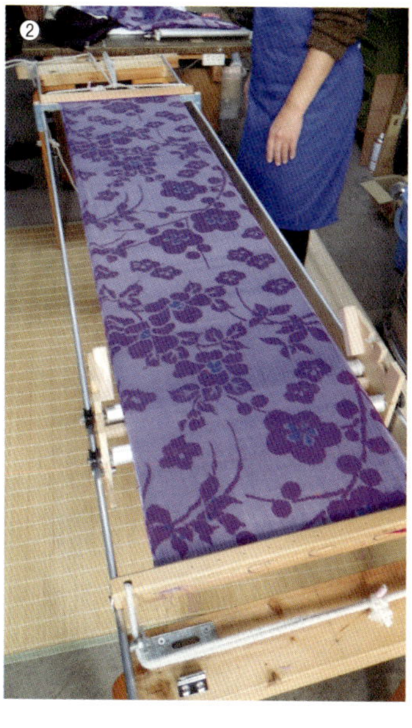

1.意外とシンプルな構造の布裂き道具。
2.張り木にとめつけて着物をピンと張る。
3.カッターをローラーとレールに添わせて移動させる。
4.裂き終わった着物。

鰹縞と着物で
ミニクッション

藍染めをすると、何かに使うかもしれないとついつい余分に糸を染めてしまいます。量も濃さもバラバラの絹糸が何色か残っていたので、ある分量に合わせて鰹縞のたて糸をかけました。

前ページの京都手織研究所で8mm幅に裂かれた紫の花柄の銘仙は、織ると色がほどよく散ったので、和洋どちらでもあう裂き織り布になりました。122ページの半幅帯も京都手織研究所で裂いた着物を使っています。

【DATA（大）】
たて糸総本数:176本
整経長:120cm　通し幅:35.2cm
筬目:50羽　よこ糸密度:4段/cm
たて糸:中細シルク（紺・水色）各55m、中細シルク（青）110m
よこ糸:着物55g〈裂き幅0.8cm〉
※たて糸のかけ方:（紺4本＋青8本＋水色4）×11

織り方

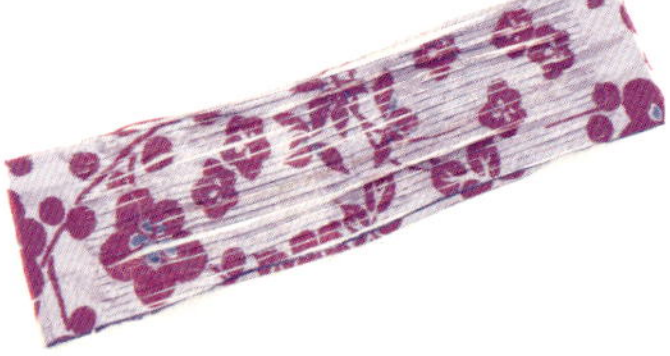

1　カットされた布は両端がつながっています。

2　片側を2本ずつ切り、もう片側は相対さない筋で2本ずつ切ります。

3　2本の布を端まで切れば長いひも状になります。

北欧の裂き織り事情

裂き織り紀行
フィンランド

**人々の生活と密接に結びついた北欧の織物。
なかでも裂き織りはマットなどに広く使われています。
フィンランドの工房を訪ね、その魅力を探りました。**

スウェーデンの織物フェア ヴェヴメッセを見学

昨年の秋、スウェーデンとフィンランドを旅してきました。スウェーデンでの一番の目的はスウェーデン北部のウメオという町で開催されるヴェヴメッセを見学すること。ヴェヴメッセは日本にも読者の多いスウェーデンの織物雑誌『VÄV』が主催する織物フェアで、3年に一度スウェーデンの各地で開催されます。多くの作品や織機、そして材料のショップが並び、とても有意義なイベントをじっくり満喫してきました。

外にも敷く裂き織りマット

フィンランドでの一番の目的はエイラ・アホネン氏の裂き織り工房と、隣接するご自宅を訪問すること。北欧の織りというと、多綜絖の組織織りや柄織りのイメージですが、現地の人々の生活に浸透しているのは素朴な裂き織りのマットです。

フィンランドは日本と同じで玄関で靴を脱ぎますが、冷たい床から足を守ってくれるのが裂き織りマット。リビング、キッチン、廊下など家の中は当然としても、びっくりしたことに玄関の外にも靴の泥取り用に裂き織りマットが。そういえばメッセ会場では休憩スペース、街中のショップでは店の前の道路など、人々が土足のまま歩く場所にも裂き織りマットは敷いてありました。

アホネン工房はヘルシンキから車で2時間くらいの場所にあるため、車と現地ガイドを頼みました。現地ガイドの30代の日本女性に「裂き織りマットを何枚持っていますか？」と聞くと、少し考えて「7～8枚くらいはあります。裂き織りマットが必要になると、織りをしているお友達のお母さんに頼みます」と答えてくれました。ドライバーのフィンランド人女性は、自分でも織りをする人。でも自宅に織機はなく、必要に応じて近くの集会所に行き、そこに置いてある織機で自宅用の裂き織りマットを織るそうです。

そして短い夏を迎えると湖畔など水辺近くにはマット洗い場があり、家じゅうのマットを持ち出してみんなでおしゃべりしながらマットを洗うのが風物詩。楽しそうですね。

北欧の裂き織り材料と 2.5倍の法則

さて北欧の裂き織りの材料の話。使い古した不要な布はどこにでもあり、農家の場合は穀物やコーヒー豆を入れる麻袋。擦り切れて使えなくなった麻袋をカットし、2m近い幅の二人掛け織機で敷物を織るのが雪に閉ざされた農閑期の男の仕事。でも一般の人々は市販の木綿の布を使っています。

裂き織り用の木綿の布は反物をそのまま3cm幅にカットしたロール状で、主に南ヨーロッパから輸入されています。たて

スウェーデンの織物フェア『ヴェヴメッセ』の会場内。

フィンランドのアホネン工房。

アホネン工房にある圧縮ポンプで打ち込むタイプの織機。

糸は細い綿糸ですが、アホネン工房のように仕事で織る場合は、 たて糸の整経と巻き取りをする専門の業者にドラムを渡し、50m、100mといった単位でセットしてもらいます。

右はアホネン工房で購入したマットです。その織機の筬がまちはボタンを押すと圧縮ポンプの力で前後にスライドする方式のため、3cm幅もある布も4段/cmの打ち込み密度になります。フィンランドの裂き織りマットは子や孫へ3代にわたって譲り受けるものと聞きましたが、その意味に納得のいく、しなやかだけれどしっかりした裂き織り地です。

ところでこのマットは細かいグラデーション柄ですが、フィンランドではかなり前から用いられている『2.5倍の法則』でつくられています。アホネンさんのマットを織る手順の最初は、デザインを考えること。次にデザインに合わせて裂き布を選びます。色とその並び順を決めたら、それぞれの布を織り幅の2.5倍の長さに切り、順番通りにミシンで布を縫いつなげていきます。織り幅の2.5倍とは2段分+緩み分という意味。つなげた裂き布をシャトルに巻いて織れば2段ごとに色の変化するグラデーション柄ができるという仕組みです。この1枚のマットに使用されている布は30色、ため息の出そうな準備作業です（ミシンによる裂き布のつなげ方は110ページ参照）。

エイラ・アホネン氏。

アホネン工房内。たくさんのマットが飾られていた。

⑥

アホネン工房で購入した裂き織りマット。

グラデーション マット

「2.5倍の法則」にヒントを得て、４色の裂き布で織るグラデーションマットを織りました。１cm幅の裂き布なので縫わずに重ねてつなげます。４色はＡとａ，Ｂとｂで表します。大文字のＡＢはメインの色、小文字のａｂはそれぞれＡＢに近い色を選びます。

Ａ６段・（ａ２段・Ａ２段・ａ２段・ｂ２段・ａ２段・ｂ２段・Ｂ２段・ｂ２段）・Ｂ６段で織ったあと（　）内を逆方向の順で織る、この「箕輪式グラデーションの法則」。この法則を繰り返せば誰でもグラデーションマットを織ることができます。

下の※は木綿布を紅茶で染めました。紅茶染めは159ページ参照。

※

平織りのグラデーションベスト

平織りでもグラデーション柄は入れられます。やさしい印象のベストにしたかったので中心となる色を決め、グラデーション柄は6色の布を使い、ところどころに入れました。

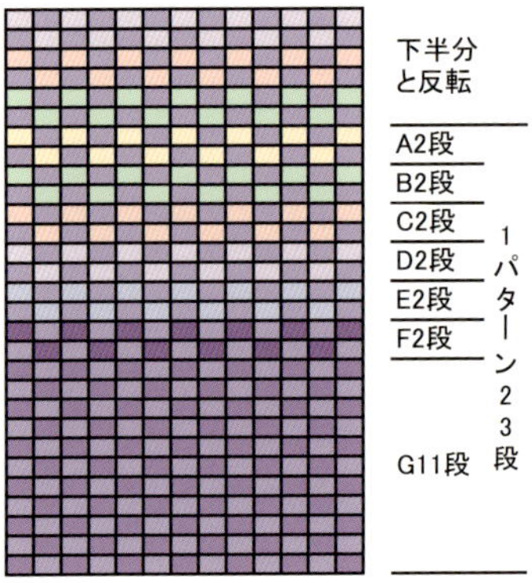

【DATA】
たて糸総本数:190本　整経長:350cm
通し幅:38cm　筬目:50羽
よこ糸密度:4段/cm
たて糸:中細シルク(薄紫)665m
よこ糸:綿布7色
1パターン+パターン反転のくり返し。
※ベストの仕立て方は178ページ参照。

ベストやバッグのように布を切って仕立てる場合は端布はそのまま横に出したり、飛ばす方が効率よく織れます。

よこ糸を多色使いにするとき、マットなど織り布の耳をそのまま見せる作品は裂き布を重ねて織り進みます。

織り方

2段のよこ縞にする時は、その裂き布の端同士を1カ所で重ねます。

column

草木染め

染織と書いて「せんしょく」と読むように、織りにとって染めは欠かせない存在です。

裂き織りでは元の布の色や柄をそのまま生かすことも多くありますが、染めることでさらなる効果も得られます。

裂き織りで草木染めをする理由には、生成りのたて糸や白い胴裏などそのままだと使い道が限られるから、色を合わせたいから、色を補強したいからなどがあり、ここでは本の中で掲載した作品に沿って草木染めをいくつかご紹介しました。

これから裂く布は多少ムラになっても目立ちませんので気軽に楽しんで染めるといいでしょう。

【基本の草木染め（紅茶で木綿を染める）】

157ページのグラデーションのマットを織るのに持ち合わせの布でうまく色合わせができるとは限りません。そんなときは、異なる2色の布を一緒に染めて元の布と合わせて4色に。ここでは紅茶とみょうばんを使って木綿の布を染めました。

【材料】
木綿布（白・ピンク）：各50g
紅茶：20g
みょうばん：5g

染め方

1 5Lのボウルに1/3の水と紅茶を入れて、火をつけます。

2 沸騰したら火を弱めて10分煮だして火を留めます。

3 ボウルの2/3まで水を加え、前もって湿らせておいた布を入れ、時々混ぜながら沸騰してから10分煮込みます。

4 完全に冷めるまで放置します。別のボウルに熱湯で溶かしたミョウバンとボウル半分の水を入れ、洗った布を入れて30分放置します。

5 左は元の布、右は紅茶染めの布。もっと濃くしたいときは、水洗いした布を紅茶の残液の中でもう一度煮ます。

【藍染め】

ボリュームのある播州織りの耳糸を藍で染めました。使用したのは水に溶かすだけで藍染め液ができる粉末藍です。染める前に浸透剤あるいは洗剤を加えた湯の中に耳糸を浸し、十分に湿らせておくのがムラなく染めるポイントです。

【材料】
播州織り（耳糸）：250g
粉末藍

染め方

1 大きめのボウルまたはバケツに水と粉末藍を入れ、ゆっくり混ぜて藍染め液を作り、よく絞った耳糸を入れます。

2 藍染め液の中で耳糸を揉むようにしながら15分浸します。藍染め液から取り出したばかりの耳糸は緑です。

3 水気が切れるまで十分に絞ると空気に触れて青く発色します。

4 そのまま耳糸全体が空気に触れるよう広げて30分おいてから洗います。濃くしたいときはまた藍染め液に入れます。

【柿渋の刷毛染め】

133ページの里山の学校で経木をいただいてきました。朱子織りと平織りで明かりをつくるのに柄が映えるようにと、柿渋染めをすることにしました。刷毛で塗って日差しに当てるだけの簡単草木染めです。

【材料】
柿渋：50cc
経木：5枚（50g程度）

染め方

1 新聞を敷いた上に経木を置き、小皿に取った柿渋を原液のまま刷毛でむらなく塗り、丸一日日の当たるところに置きます。

2 柿渋を刷毛で塗る・日に当てるを繰り返すことで濃淡ができます。

【絹の電子レンジ染め】

152ページ掲載のシルクコサージュのもとは群馬でいただいてきたシルクオーガンジー。ムラ染めにしたかったので電子レンジで染めました。電子レンジで染める場合は濃く染まる植物を選ぶのがポイントです。

【材料】
シルクオーガンジー:50g(前もって媒染しておく)　みょうばん:5g　クチナシ:10g
ラックダイ・クルミ:液体タイプ各5cc

染め方

1 大きめの皿の中央にカップを置きます。これは色混じりを防ぐためです。湿らせたシルクをカップを囲むように丸く置きます。

2 煮出したクチナシ、薄めたラックダイ・クルミをそれぞれコップに入れ、スプーンでなじませるようにシルクになじませます。

3 上からラップをし、500Wで10〜15分加熱し、そのまま冷めるまで放置します。

4 よく洗って乾かします。

【植物の草木染め(玉ねぎの皮でトウモロコシの皮を染める)】

トウモロコシの皮は身近な裂き織り素材です。夏の間に貯めてカラカラになるまで乾燥させればいつでも使うことができます。煮染めもできますが、たとえば藍染めするときに混ぜるなど、素朴な生成り色プラスアルファの色も用意しておくと楽しい作品になるでしょう。

【材料】
トウモロコシの皮:50g
玉ねぎの皮:20g
みょうばん:5g

染め方

1 ボウルにネットに入れたトウモロコシの皮と玉ねぎの皮を同時に入れ、沸騰後30分じっくり煮込みます。

2 別のボウルに半分の水と熱湯で溶かしたミョウバンと水洗いした皮を入れ、10分ほど煮込みます。

【紅絹の色止め】

紅絹《もみ》に限らず銘仙や友禅など絹の着物はとても激しく色落ちをすることがあります。そのため、それらを使った裂き織りベストなどは「雨の日には着用しないこと」など注意書きがあるほどです。

絹の着物はおもに酸性染料が使われていますが、色落ちの原因はもともとの染料の質や色止め方法に問題点があると考えられます。

色止めの方法としては、酸性染料に色止めの効果がある酢酸やミョウバンを上掛けすること、草木や柿渋など別の染料を上掛けすること、藍の色止め剤などコーティング効果のある薬剤を使うことなどいくつかありますが、もっと適切な方法はないかと京都の田中直染料店で顧問の高橋誠一郎氏にお話を伺いました。

高橋氏のおすすめは染料を顔料化させるシルクフィックスです。ただし元のはっきりしない布に関しての完璧な色止めはあり得ないとのことでした。

確かに骨董市などで手に入れる紅絹は色も厚みもバラバラの寄せ集めです。実際にシルクフィックスで実験しましたが、効果には差が出ました。これらに関してはある程度の色落ちがあることを踏まえた上で使用されることをおすすめします。

京都の田中直染料店。

▸ シルクフィックスの色止め

熱湯でシルクフィックスを溶かし、水を加えてよく混ぜ、その中に紅絹を30分浸します。その後水洗いします。

▸ 紅絹の色落ち実験

1 5種類の紅絹を用意し、それぞれ湿らせて羽二重の上に並べます（上・そのまま、下・色止め済み）。その上にクリアシート・重し（本など3kg程度）を置き、1時間置きます。

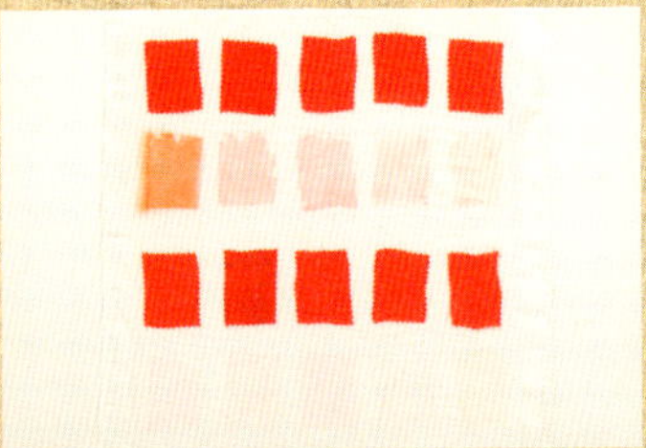

2 紅絹の位置をずらしました。紅絹によって色落ちの度合いが異なります。色止めをしても完璧には止まりませんが、効果はあります。

3 130ページのベストで使用したシルクフィックス＋赤のイメージを損ねない程度に玉ねぎ染めした紅絹（右）と元の紅絹（左）。玉ねぎ染めには赤色に統一感を出す効果もあります。

Chapter

6

裂き織り小物

裂き織りをすると
どうしても出てしまう、小布たち。
少しの裂き布でもできるユニークな小物、
織り機がなくてもできる小物も
ご提案します。

Yシャツ地で
テトラパックのポーチ

テトラとはギリシャ語で「4」を表す言葉。4方向に角があるこの形をテトラパックと言います。Yシャツの片袖でできるこのポーチは正方形2個分の裂き織り布を無駄なく切らずに使って仕立てます。ここでは正四面体のテトラにしましたが、幅が狭く、たてに長い布で仕立てた細長テトラもペンケースや化粧ポーチとして最適です。

【共通DATA（各色）】
たて糸総本数:60本　整経長:100cm
通し幅:20cm　筬目:30羽
よこ糸密度:3段/cm
たて糸:合太スラブ糸60m
よこ糸:綿布25g〈裂き幅1cm〉

作り方

1 表布を織る

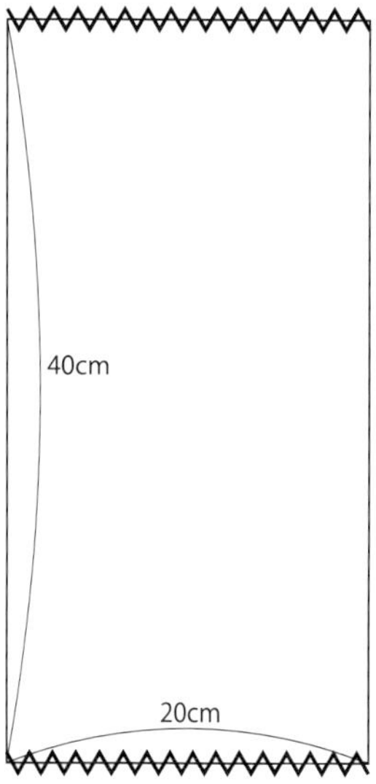

両端にジグザグミシンをかける

2 ファスナーをつける

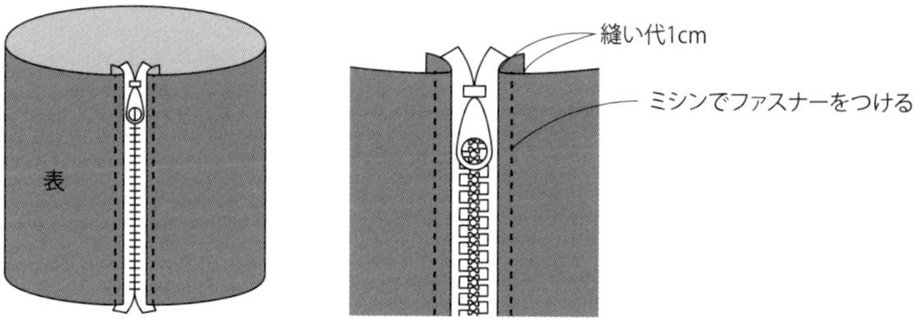

3 タブをつけて底を縫う

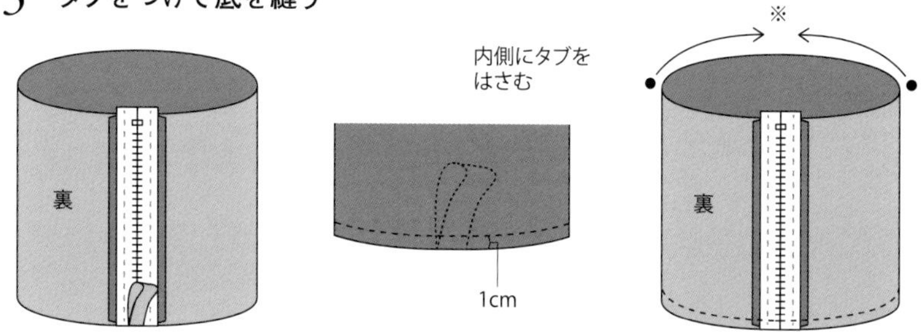

点線を合わせて縫う。●印を合わせて※印に向かって縫う。

4 持ち手をつけて縫う

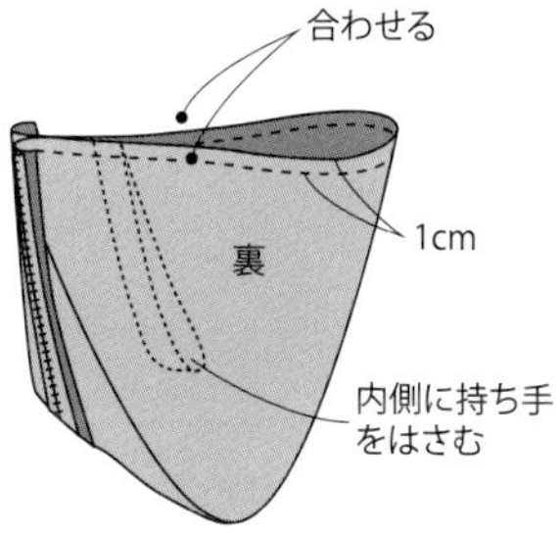

5 裏返してできあがり!

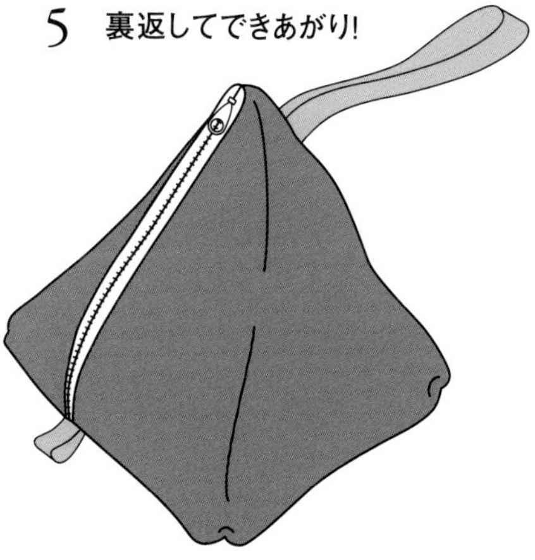

【材料】
裂き織り布:20cm×40cm
ファスナー:18cm
持ち手ベルト:2cm幅×20cm
タブ:2cm×6cm

革バッグの
再生クラッチバッグ

裂き織りで再生できるのは着物だけではありません。使い古して色あせた革のバッグを解体し、使える部分だけを1cm幅にカットしました。

元の革の色に合わせて水色と紺の細いラメ糸を選び、70羽で畝網代織り。

ちょっとしたパーティで小脇にはさめそうなクラッチバッグに仕立てました。家の中に眠っている革のジャケットやバッグがあるなら、ラメ糸と組み合わせてリメイクしてはいかがでしょうか。

たて糸:(A1本+B1本)×9+{(B1本+A1本)×5+(A1本+B1本)×4+(B1本+A1本)×5+(A1本+B1本)×9

よこ糸:革1段+糸1段+革1段+糸2段のくり返し

使い古した革のバッグ。色がきれいなので再利用!

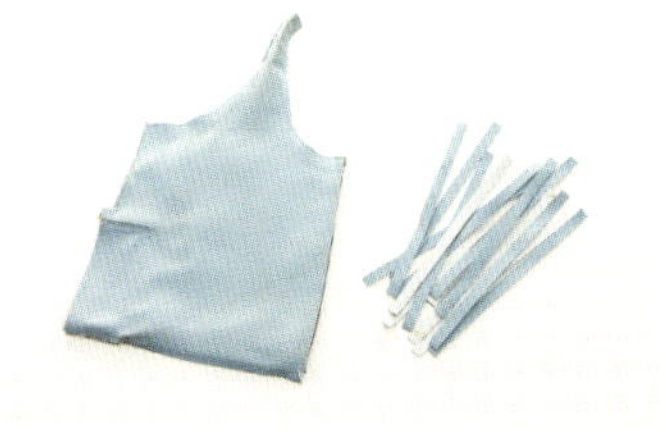

傷や汚れが少なく長く取れる部分を1cm幅にカットしました。

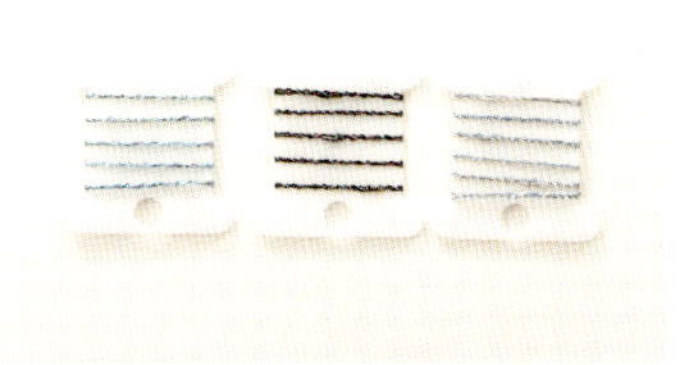

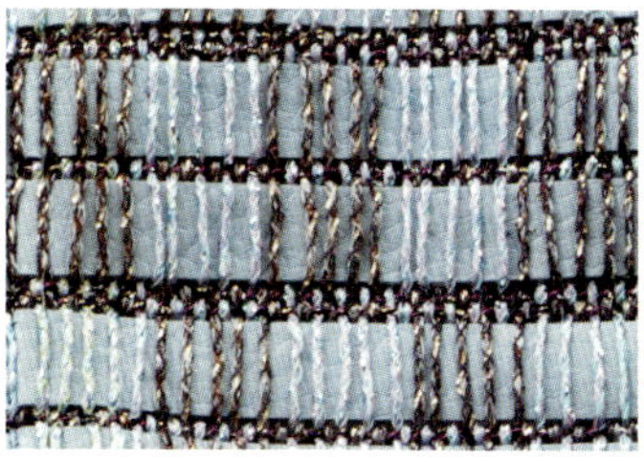

【DATA】

たて糸総本数:126本(ラメ黒・水色各63本)

整経長:150cm　通し幅:18cm

筬目:70羽

よこ糸密度:約3cm／革1段+糸1段+革1段+糸2段

たて糸:ラメ糸(黒・水色)各100m

よこ糸:革カバン〈カット幅1cm〉、ラメ糸(黒)100m

スウェード革テープで
格子のポーチ

フェイクレザーのスウェードタイプ（幅3mm）の革テープをたてよこ糸にして、千鳥格子を織りました。本来、この革テープは革バッグの縁かがりやアクセサリーづくりに使われています。

▶ 千鳥格子のバッグ

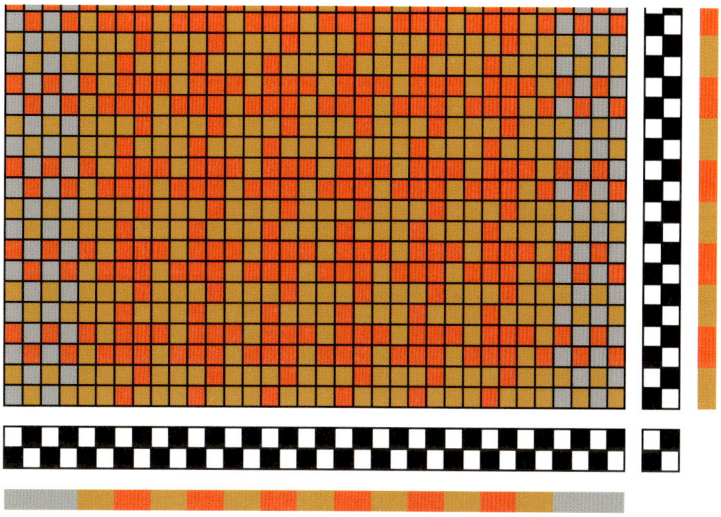

たて糸：極太綿糸4本＋（ベージュ2本+赤2本）×6＋ベージュ2本＋極太綿糸4本
よこ糸：ベージュ2段、赤2段のくり返し

【DATA】
たて糸総本数：34本（極太綿糸8本・ベージュ14本・赤12本）
整経長：95cm　通し幅：17cm
筬目：20羽　よこ糸密度：2.5段/cm
たて糸：極太綿糸8m、3mm幅革テープ（ベージュ・赤）各15m
よこ糸：3mm幅革テープ（ベージュ・赤）各15m

こちらは同じ革テープでの網代織り。細い革テープと言っても固さはあるので、見えない部分の両端のたて糸は仕立てやすいように綿糸を使っています。軽くて柔軟性のあるポーチになりました。

▶ 網代織りのバッグ

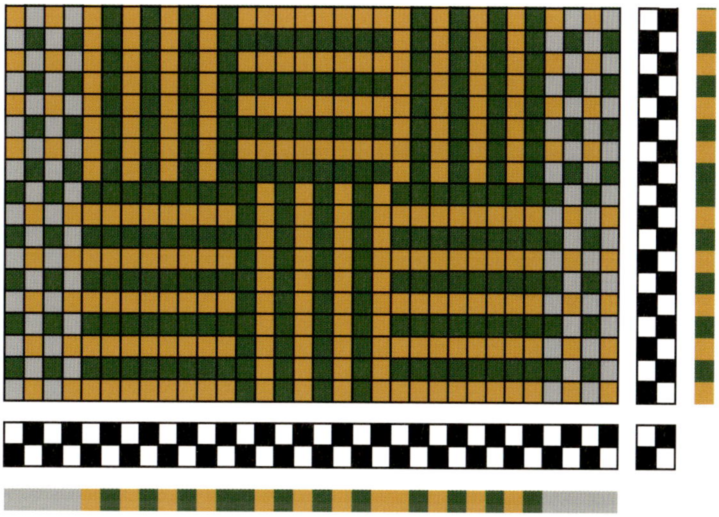

たて糸：極太綿糸4本＋（緑1本＋ベージュ1本）×4＋（ベージュ1本＋緑1本）×4＋（緑1本＋ベージュ1本）×4＋極太綿糸4本
よこ糸：（ベージュ1段＋緑1段）×5＋（緑1段＋ベージュ1段）×5 のくり返し

【DATA】
たて糸総本数：32本（極太綿糸8本・ベージュ12本・緑12本）
整経長：95cm　通し幅：16cm
筬目：20羽　よこ糸密度：2.5段/cm
たて糸：極太綿糸10m、3mm幅革テープ（ベージュ・緑）各15m
よこ糸：3mm幅革テープ（ベージュ・緑）各15m

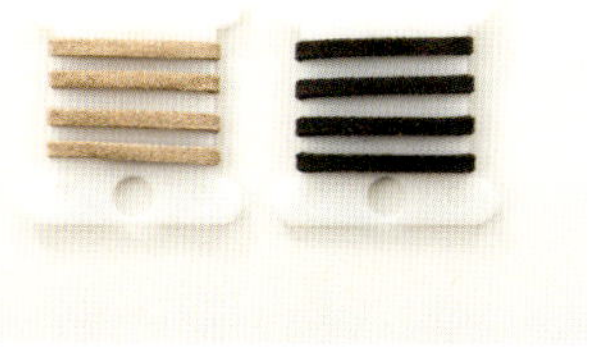

ゆび織りブレード技法のクラッチバッグ

余った布に接着芯を貼ってテープ状にし、「ゆび織り」のブレード技法で縫わずに仕立てるクラッチバッグをつくりました。片面接着の裏布を使って、織りながら同時に内袋もできあがる仕組みです。ほつれやすい布でも無駄なく使えるちょっとした工夫です。もし、ここまで布の長さのないときは重なり部分の下に継ぐことができます。

【材料(横長タイプ)】
たて糸の布:5cm幅×35cm×7枚
よこ糸の布:5cm幅×50cm×6枚(うち1枚は口用テープ)
持ち手接着芯:25mm幅×5.5m
接着布:25cm×31cm×1枚
※持ち手接着芯をアイロンで布に貼り、テープをつくる(つくり方は109ページ参照)。

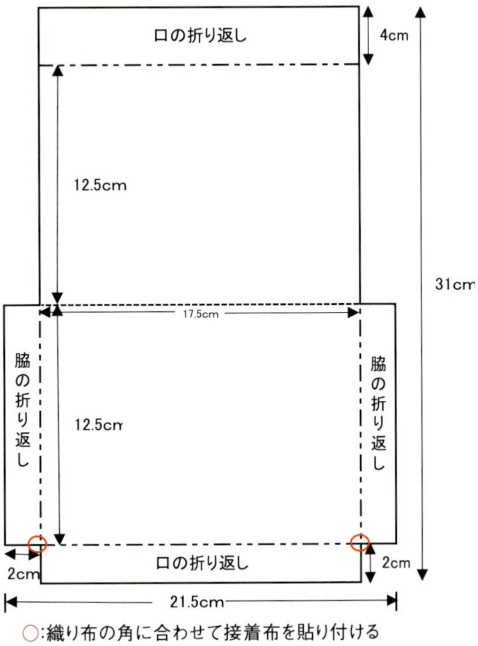

○:織り布の角に合わせて接着布を貼り付ける

織り方

1 マス目の紙にたてのテープの裏を表側に向けて並べてセロハンテープでとめます。

2 よこテープ5本も裏を表側に向けて交互にたてテープを拾いながら織ります。

3 織り上げたら織り地が動かないよう端の重なり目は両面テープでとめます。これで片面できました。

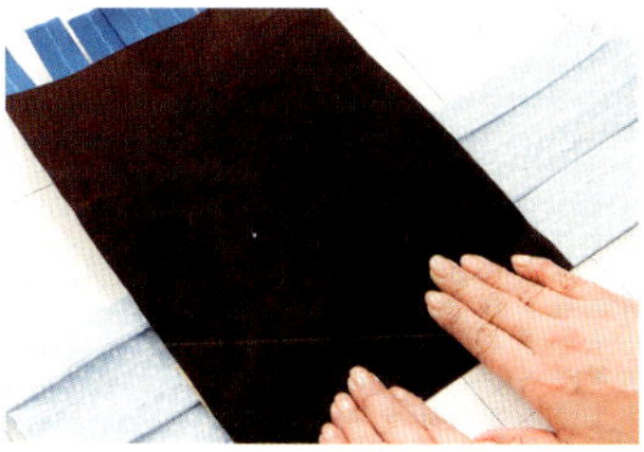

4 図を基に接着布を切り、赤丸印が織り布の角に来るようにして片面の織り布部分に貼ります。

5 両脇を折り返し、残りの接着布を織り布側に折り返して貼ります。これで内袋ができました。

6 残りの半分を織ります。剥離紙を1段分はがし、たてテープを1本おきに貼ります。

7 よこテープは、次の段でたてテープの下にくる位置で余分をカットし、継ぎ目には両面テープを貼ります。

8 次の1段分の剥離紙をはがします。

9 たてよこのテープが上下交互に来るよう、織り進みます。

10 5段織り終えたら、余分なテープはカットします。

11 残しておいた接着布の貼り代を折り返してとめます。

12 接着布を隠すように口用テープを貼ります。つなぎ目を残ったテープで隠します。

ダンボール織機でつくる
丸型コースター

市販のダンボール織機を使って丸い形のコースターを織りました。裂いた布をとじ針に通して、中心から拾いながら織っていきます。裂いた布だけではなく、トウモロコシの皮や細く切ったTシャツなどいろいろな素材でコースターを織ることができます。152ページでは6枚の花びらのコサージュを同じダンボール織機で織っているのであわせてご覧ください。

織り方

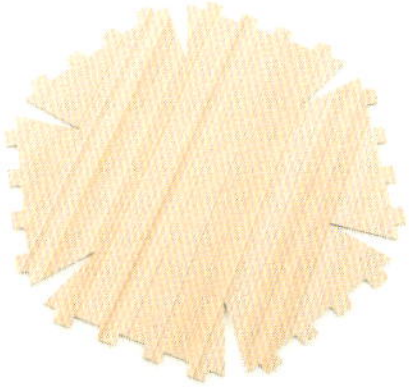

1 詳しい説明書のついた市販のダンボール織機は、折り曲げて組み立てます。

2 たて糸は対角線上にずらしながらかけていきます。

3 たて糸を少し残しておいて最初はたて糸と同じ糸で何段か織りましょう。

4 とじ針に裂き布を通し、たて糸1本おきに拾うように織り上げます。

5 たて糸の端の始末は糸同士を結んで始末することもできます。

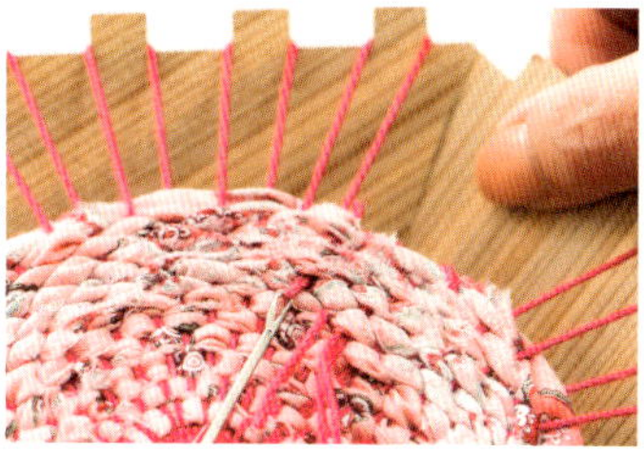

6 ここではループ返しでたて糸を隣の筋に縫い込んで始末しました。

裂き布でリングワークのブローチ

手芸用のプラスチックのリングに裂き布を巻きつけて布の質感たっぷりのブローチをつくりました。このプラスチックリングはサイズがいろいろあります。少しだけ残った裂き布でできるので裂き織り地と共布でつくれば、ベストやバッグの飾りボタンとしても活用できます。基本はリングを隠す巻きかがりだけ、あとは好みで飾り付けましょう。

織り方

1 裂いた布の糸端は10cm残してリングに結びます。結び目を指で押さえて、裂き布を真下に持ってきます。

2 裂き布を輪に通し、結び目に向かって持ち上げて締めます。

3 2をリングが隠れるまで繰り返します。

4 中心の飾りは、とじ針を結び目の中に刺してつくります。

5 通したとじ針はいったん輪の中を通して、同じ方向から結び目に刺します。

6 常に同じ方向から針を入れると表裏が同じ柄になります。

ボール紙シートで裂き布の籠づくり

籠の元となる市販のボール紙シートに裂き布を巻きつけて、小物入れをつくりました。丸く広がるボール紙の羽は奇数なので、ぐるぐると羽1枚おきに裂き布をはさんでいくだけで小さな籠になります。あまり締め付けずにふっくらと裂き布を巻いていくのがかわいく仕上がるポイント！　シートには丸や楕円・四角などがあり、バリエーションが楽しめます。

織り方

1　ボール紙シートの底の表裏に接着布を貼ります。フエルト布などでもいいでしょう。

2　2cm幅に切った裂き布の端10cmを出して、ボール紙の羽に1枚ずつ交互に巻きつけていきます。

3　裂き布の継ぎ目は織り目に縫い込んで始末するので、外側に出しておきます。

4　ボール紙の端まで来たら、裂き布を穴に交互に通してとめ、何カ所か洗濯はさみを留めます。

5　洗濯はさみの隙間にボール紙が完全に隠れるまで裂き布を通して縁布とします。

6　縁布は先ほどの穴を利用して糸でかがってとめます。

サイズを変えて
布草履

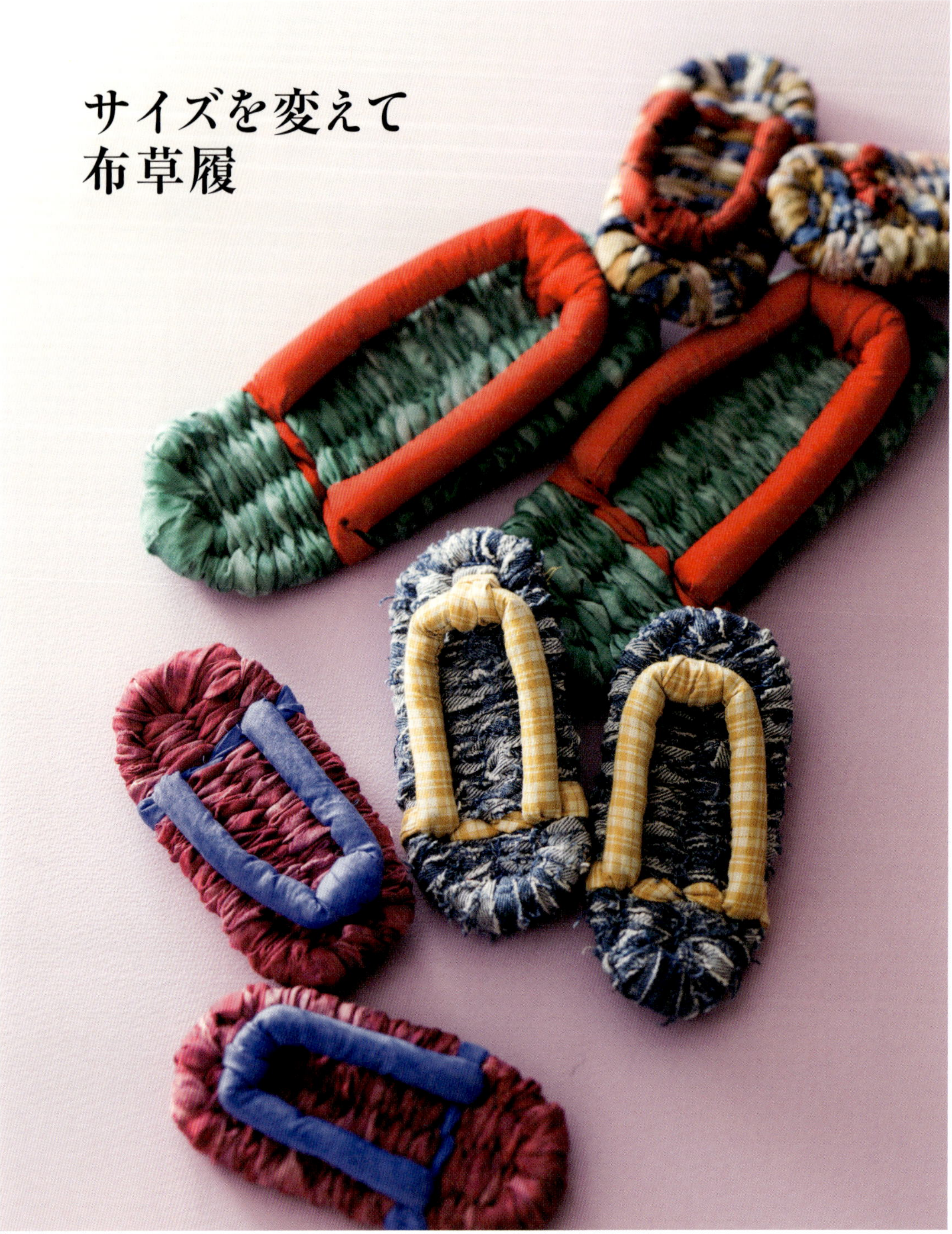

一時期ブームだった布草履。百円ショップの万力をいくつか揃えてもつくれますが、今回は卓上織機の整経ボードを使って、大人サイズと子供サイズの２種類の布草履をつくりました。この布草履の一番のポイントは毛糸をたっぷり詰め込んだ手づくり鼻緒。これならはいても痛くありません。材料は目安ですので、実寸に合わせて調節しましょう。

【材料】

（大人用）
ロープ:2m
裂き布:5cm幅×13m×2枚
鼻緒用の布:8cm×110cm×2枚
鼻緒止めの布:8cm×20cm×2枚
毛糸:極太毛糸で30cm×8周

（子供用）
ロープ:120〜150cm
布:5cm幅×5m
鼻緒用の布:6cm×1m×2
鼻緒止め用の布:6cm×20cm×2枚
毛糸:極太毛糸で20cm×6周

織り方

1 万力の場合のたて糸セット状態。万力は5つ使います。万力と万力の間は約40cmが目安です。

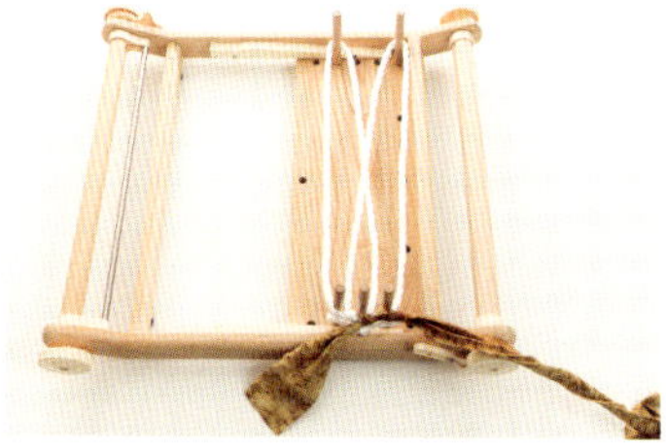

2 卓上織機にセットして織り始めます。裏が整経台になっている織機の場合は手前のピンを1本にします。

3 4本のロープを交互に拾って裂き布を織り込みます。

4 しっかり詰めながら端まで織ります。

5 織機から外し、外側2本のロープを裂き布を詰めながら順に引っ張ります。

6 ロープの端は結び直して余分なロープは切ります。布端もロープの結び目も織り目の中に隠します。

7 鼻緒用の布は縫い代1cmで筒状に縫い、ループ返しで中表にします。

8 毛糸を束ね、ループ返しで筒の中に引き入れます。

9 毛糸の束が鼻緒の中心に来たら、鼻緒止めの布を折り畳んで二つ折りにし、輪の中に布端を入れてとめます。

10 鼻緒止めの布を草履の裏に通して結びます。布端は織り目に隠します。

11 鼻緒の端もちょうどいい位置に通し、布端は草履に織り込んでとめます。

12 子供サイズの時は整経台のこの位置にピンをたてます。

ベストの仕立て

ミディアム丈

作品:158ページ

【材料】
裂き織り地:33cm×3m
別布（見返し部分）・接着芯:30×80cm
ファスナー:30cm

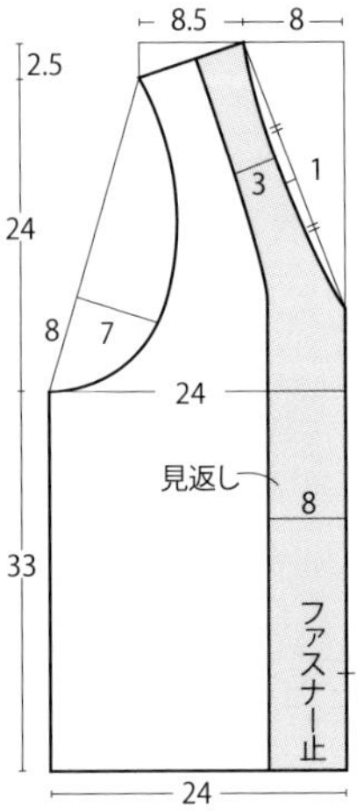

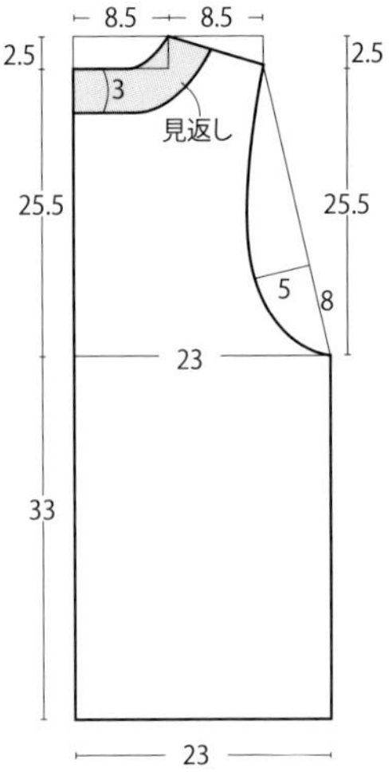

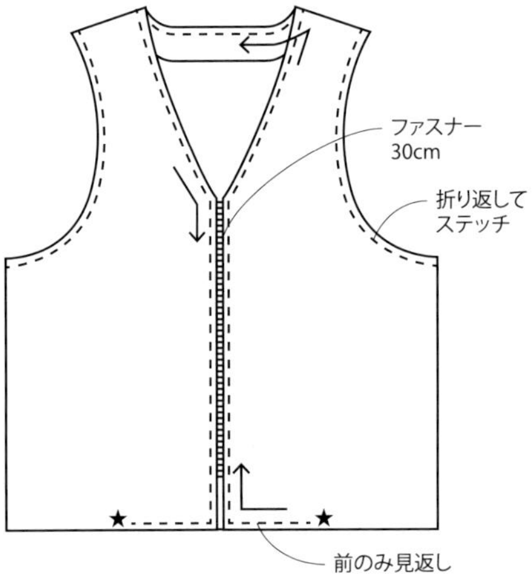

作り方

1

裂き織り布に型紙を合わせて印をつけ、縫い代分1cm外側でミシンをかけてからその外側を切ります。

2

グレーの部分が見返しの型紙です。別布に接着芯を貼ってから型紙に合わせて印をつけ、縫い代分1cmを取って切ります。

3

肩をはぎ、次に脇をはぎます。

4

裂き織り布と見返し布の間にはさむようにしてファスナーを取り付けます。

5

襟ぐりにミシンをかけます。

6

袖は折り返してかがります。

7

裾はまつり縫いにします。

ショート丈

作品:13ページ

【材料】
裂き織り地:29cm×2.4m
見返し・接着芯:各30cm×70cm
クルミボタン:18mm×3個
ループ用木綿糸:適宜

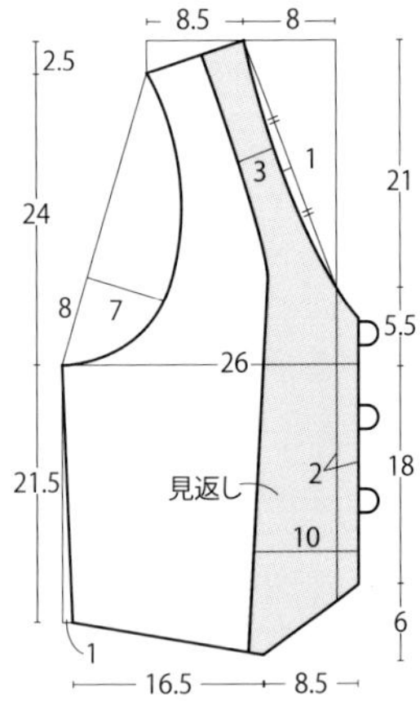

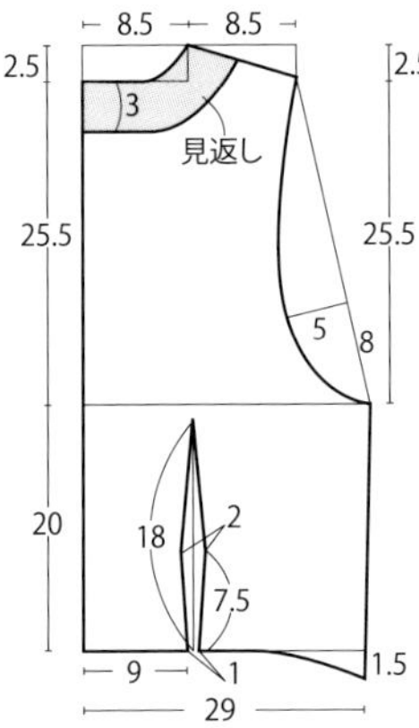

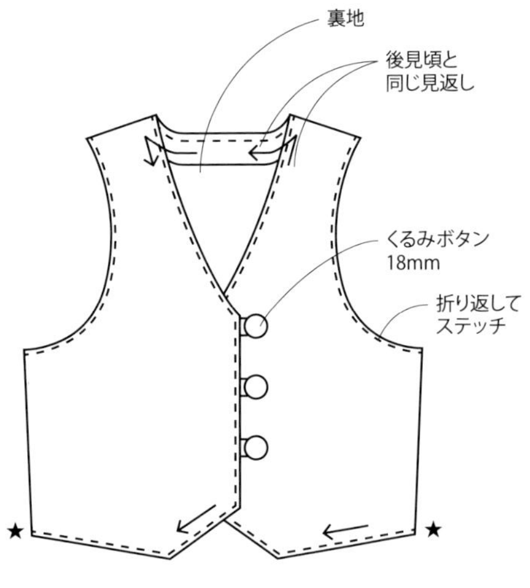

この本の中で作品紹介した
ショート・ミディアム・ロングの
3種類の丈のベストの
製図と仕立てのポイントです。
3点とも襟と前立てに
見返しをつけた同じつくりで、
9号サイズでつくりました。
必要な布量も書き出したので
参考にしてください。

ロング丈

作品:130ページ

【材料】
裂き織り地:37cm×4m
見返し・接着芯:各30cm×110cm
クルミボタン:2.5cm×3個
ホック:1個

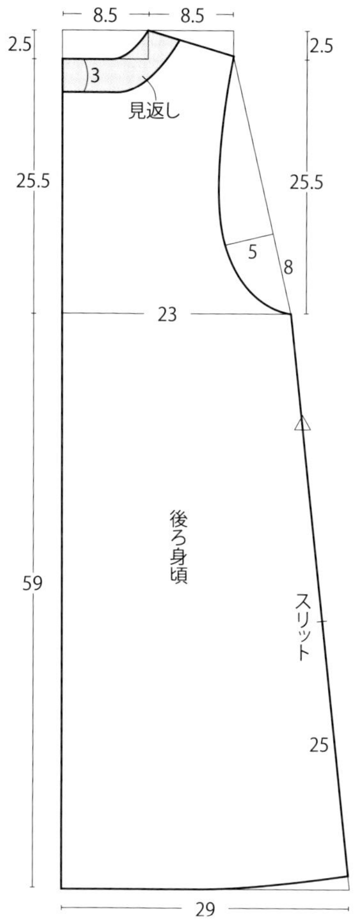

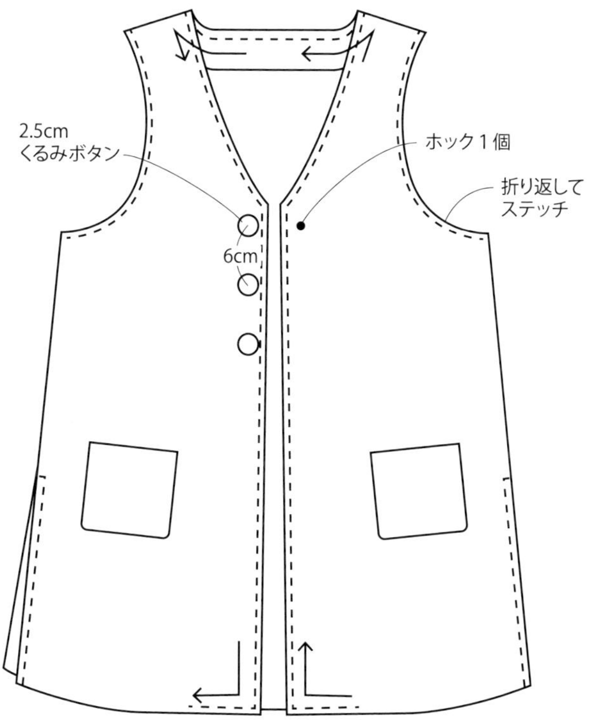

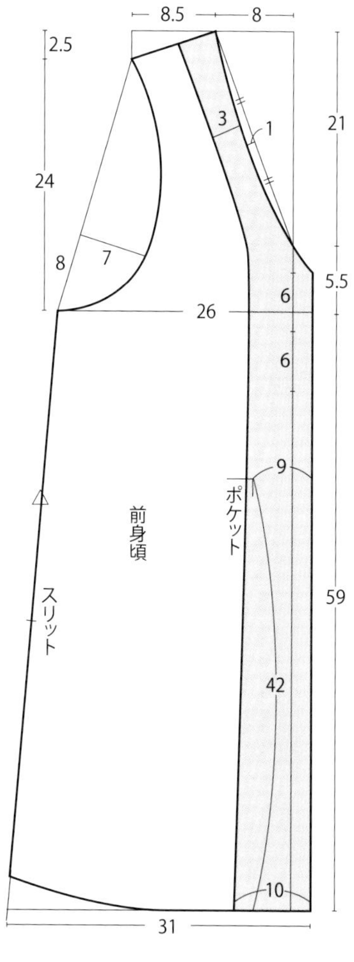

巾着袋の仕立て

柄織りの章で作った巾着袋の仕立て方です。
あくまで参考ですので、
縫い方等は仕立ての本などを参考にしてください。

【仕立てサイズ】
たて:27.5cm
よこ:24cm
フリル:5cm

【材料】
表布(裂き織り布):26cm幅×60cm
内布(木綿など):26cm幅×80cm
紐:70cm×2本
ループエンド(15m/m):2個

図1

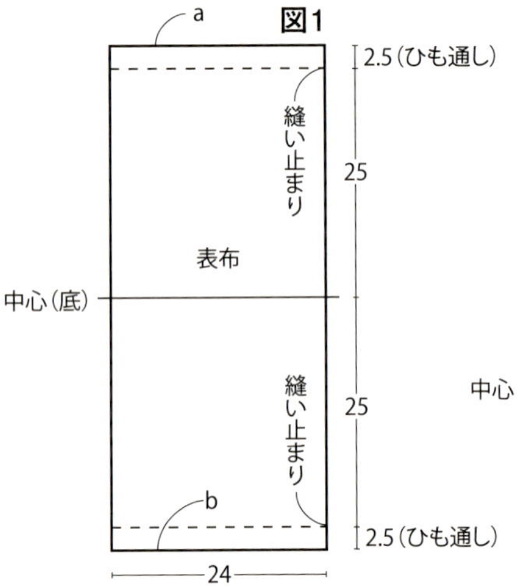

1cmの縫い代をつけて裁つ

図2

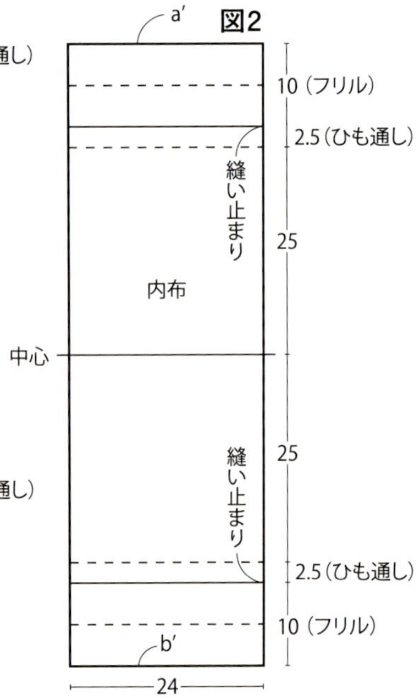

作り方

1

表布と内布は図1.2を元に1cm分の縫い代を加えて裁ちます。

2

図3のaとa'、bとb'を縫い合わせて輪にします。輪にしたら表布と内布を二つ折りにして中心がずれないようにクリップでとめ、4カ所の★から縫い止まりまで(点線部分)縫います。

図3

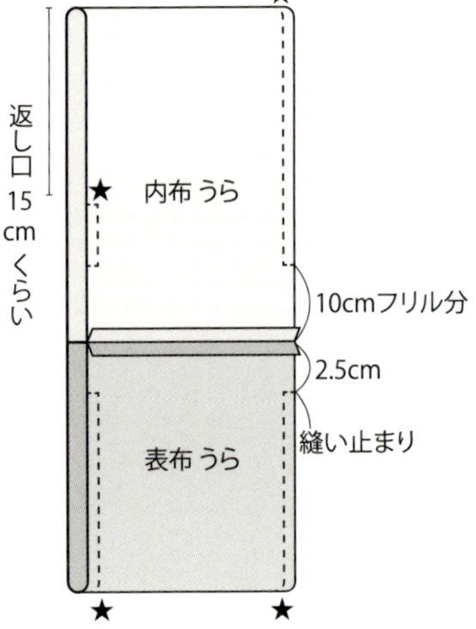

3

内布はそれぞれ10cmたるみますが、それはフリル部分です。まず図4の赤丸部分をしっかり縫い止めてから、フリルの耳を縫います。

図4

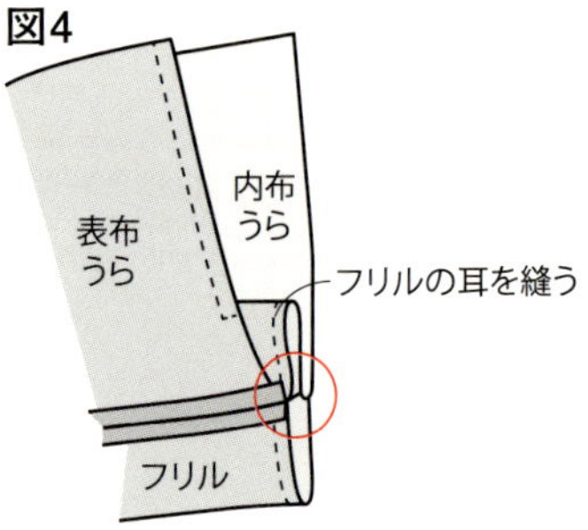

4

返し口でひっくり返すと、図5のような状態になります。返し口をかがり、①部分のフリルと表の境に落としミシンを入れます。次に②部分も縫い、ひも通しとします。

図5

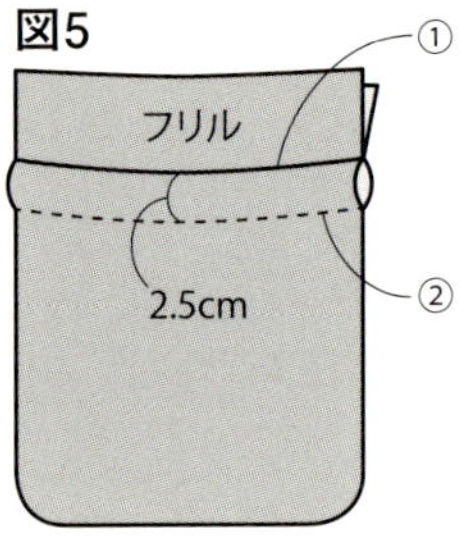

5

ひもを通してループエンドをつけてできあがりです。

丸ハンドルの口金バッグの仕立て

この本の中でもたびたび登場する
丸ハンドルの口金はなんと! 着せ替えタイプ。
棒通しのある袋状の織り地を用意すれば
取り替えが利きます。
ここでは脇をかがるだけで仕上がる
内布付バッグの仕立てを説明します。

【材料】
表丸ハンドル口金:幅16cm
織り布:26cm×60cm
接着布:25cm×46cm

作り方

1 26cm×60cmの織り布を用意し、織り布の両端を6cm折り返してクリップで仮押さえします。

2 クリップから4cmのところから接着布を貼ります。

3 織り布と接着布は2cm重なるようにしましょう。

4 口金の通し棒のねじをはずします。

5 口金の通し棒に織り地の通し穴を通し、ねじを留めます。

6 脇を下図のようにかがります。

▸ かがり方

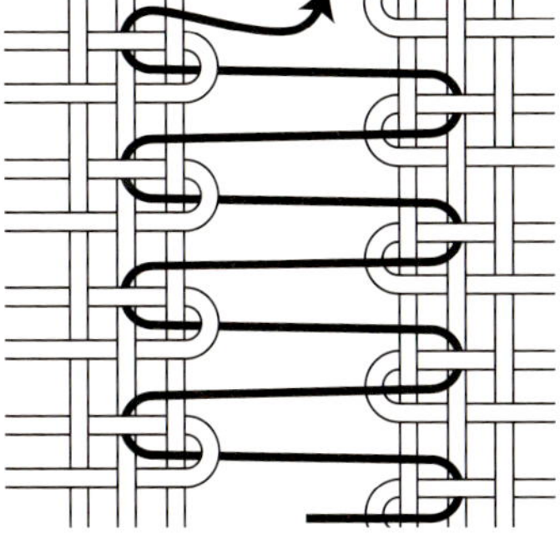

柄布と裂き方による変化〈サンプル織り〉

さまざまな柄布を、さまざまな裂き方で裂いて織ったサンプルです。
手持ちの布で裂き織りをする際の参考にしてください。変化のないものもありますが、
縞の布をグルグルに切ると縞の色がさまざな方向に出て、おもしろい布ができます。
14～15ページのシャツも円を描いて切ってあります。

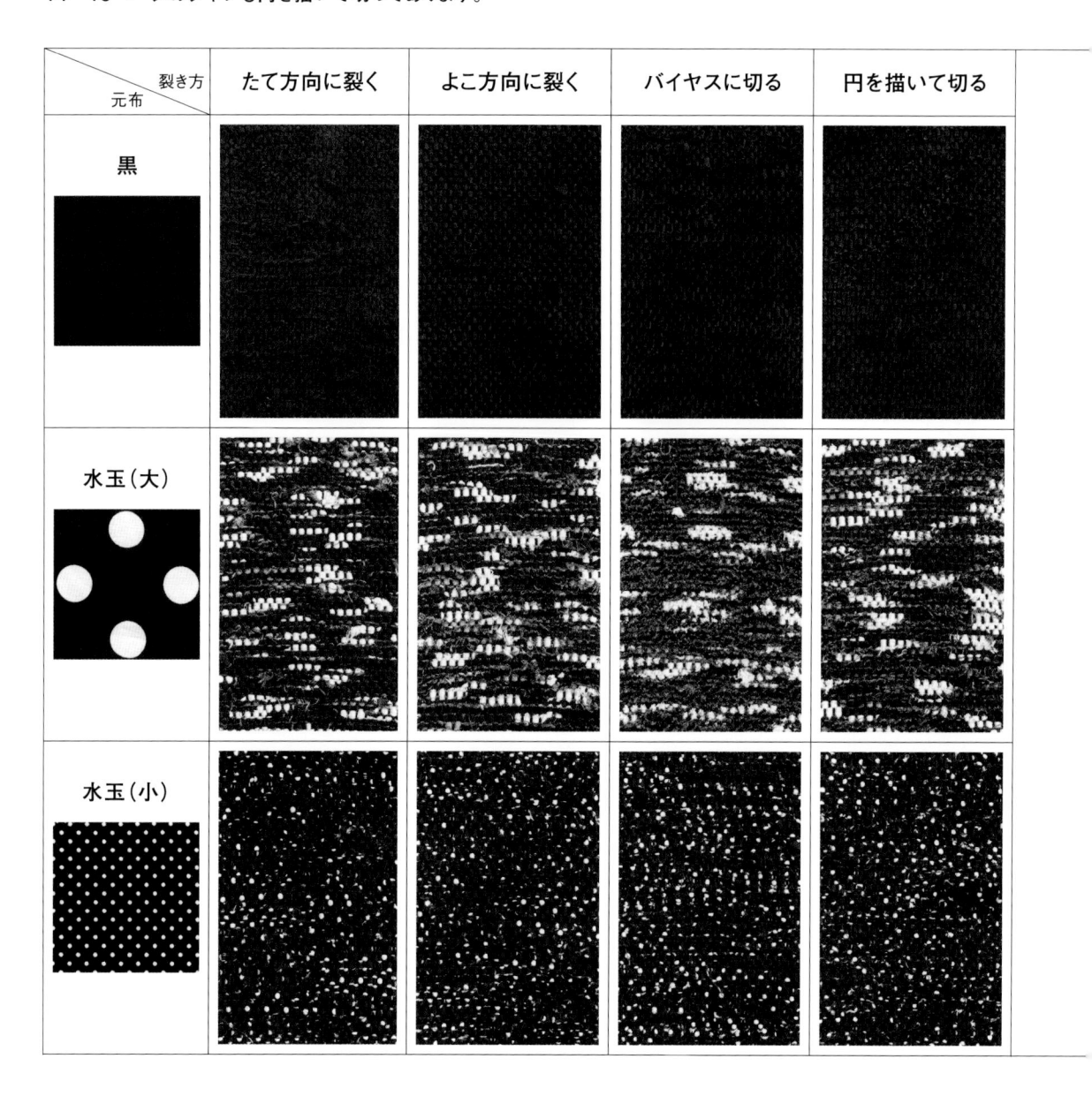

裂き方 元布	たて方向に裂く	よこ方向に裂く	バイヤスに切る	円を描いて切る
黒 				
水玉（大） 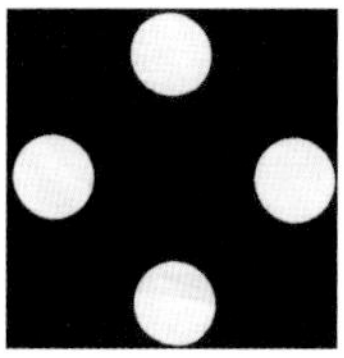		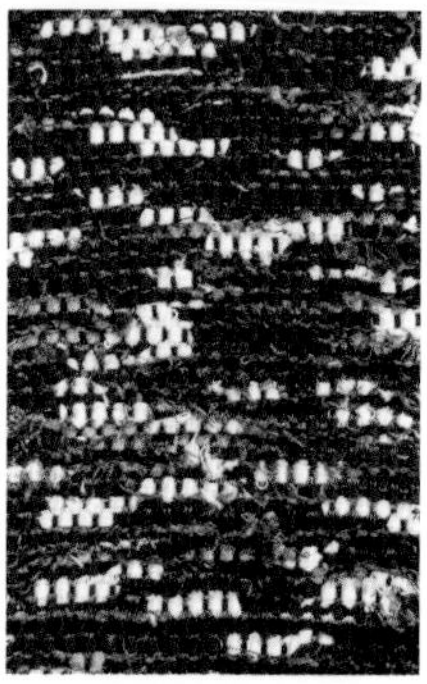		
水玉（小） 	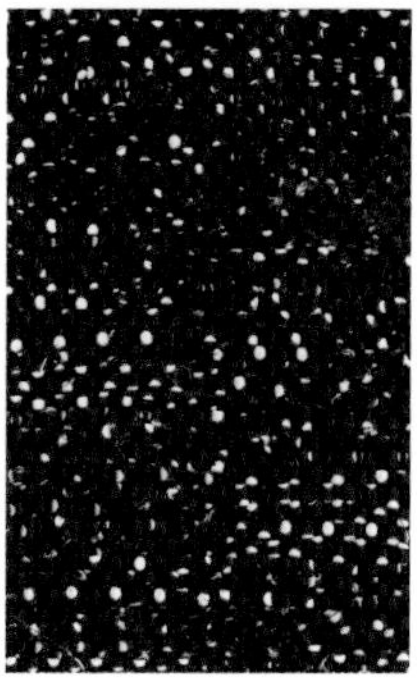		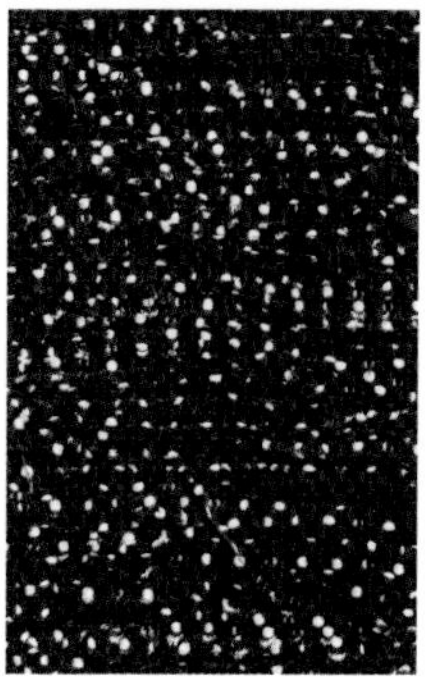	

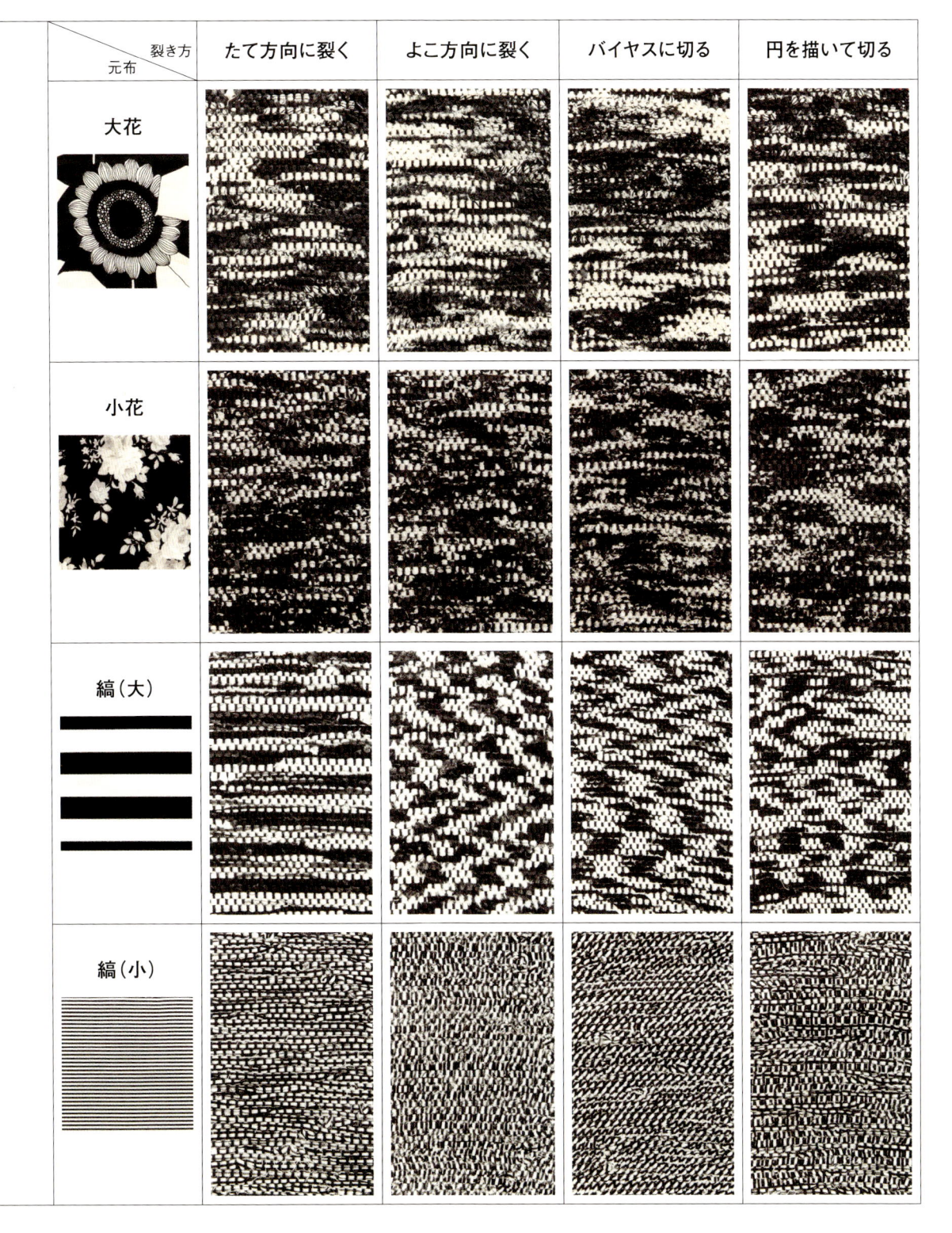

元布＼裂き方	たて方向に裂く	よこ方向に裂く	バイヤスに切る	円を描いて切る
大花 				
小花 			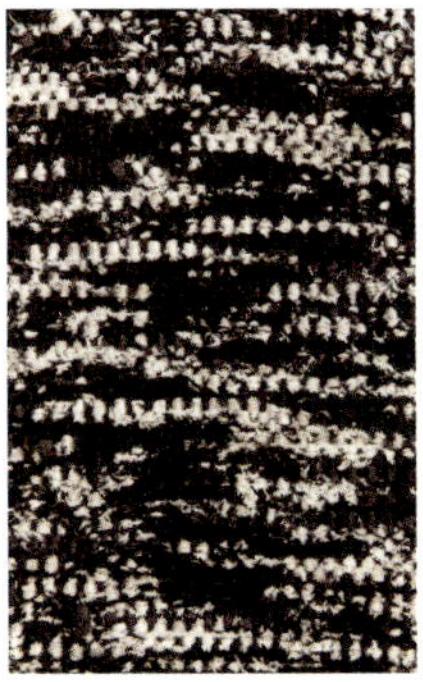	
縞（大） 				
縞（小） 				

糸と布の組み合わせ〈カラーサンプル織り〉

スーピマ綿糸8色をたて糸にして、4色の布をすべて50羽で織ってその違いを比べてみました。
その組み合わせによって印象が変わります。色選びの参考にしてください。
ここでは無地の布を織っていますが、柄布を織る時は
その柄の中の強調したい1色に近い色を選ぶといいでしょう。

布 ＼ 糸	黒	ピンク	茶	黄
白	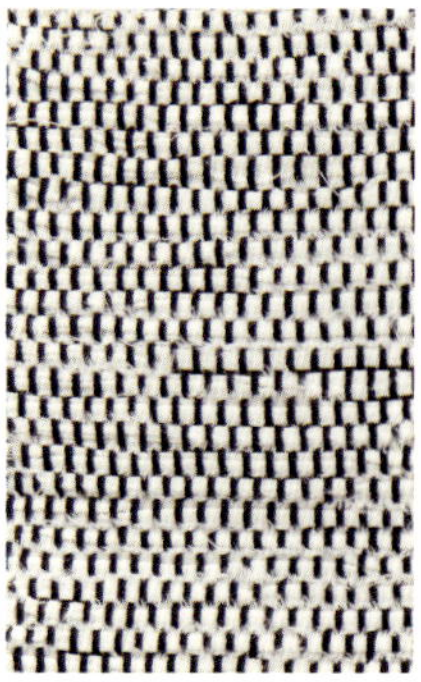		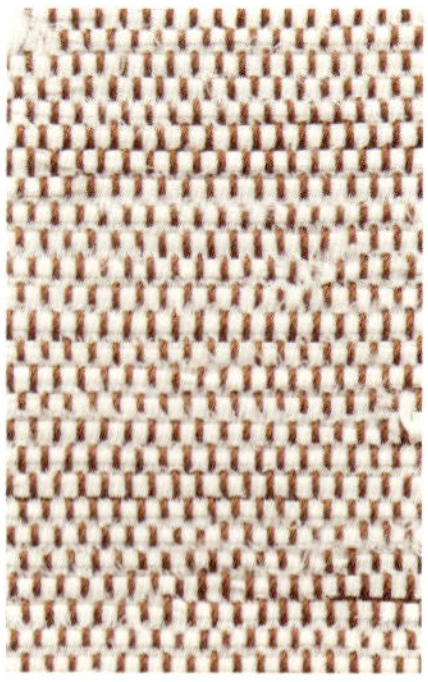	
黄	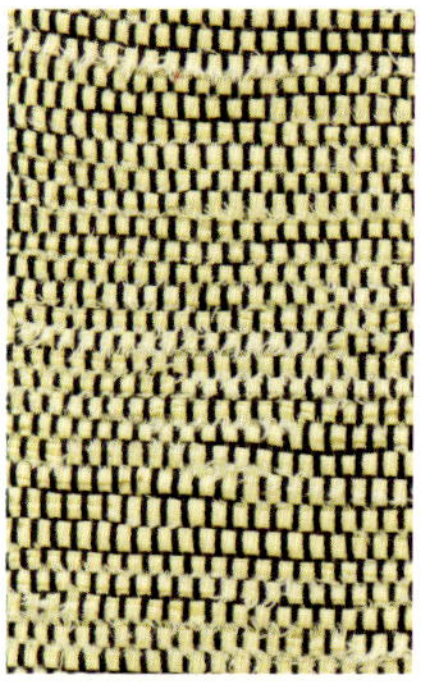			
赤 	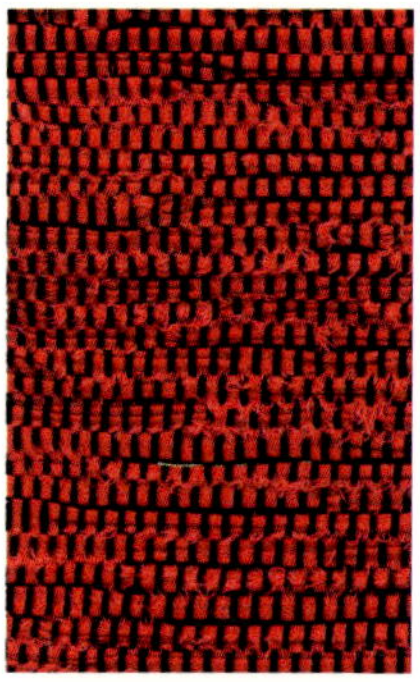	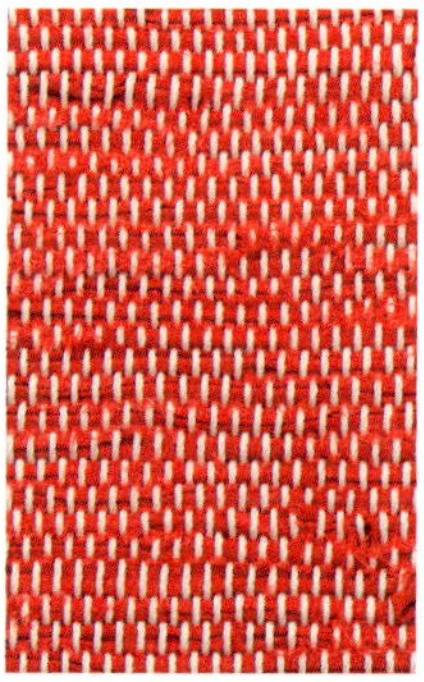		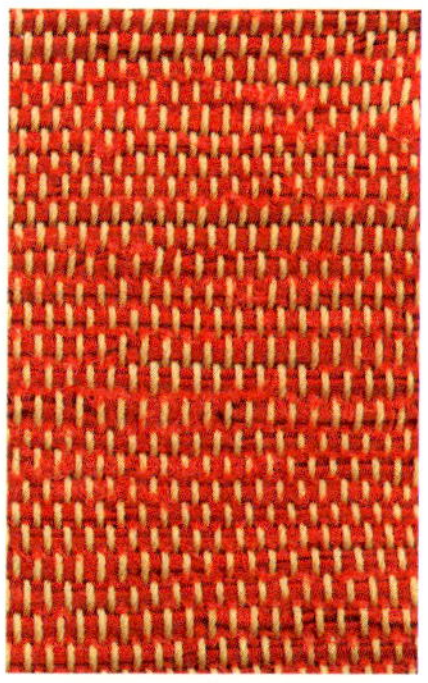
黒 		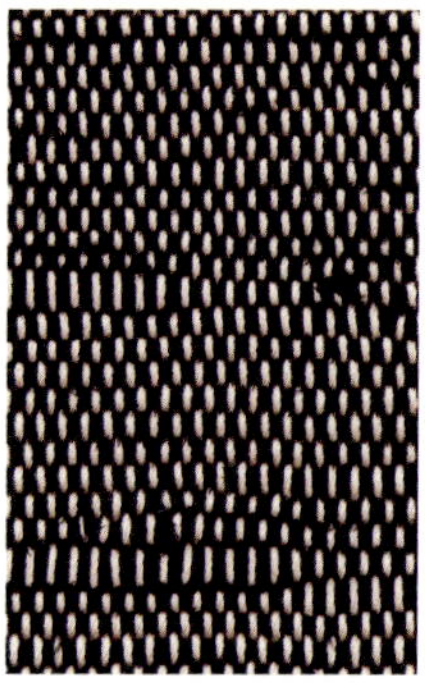	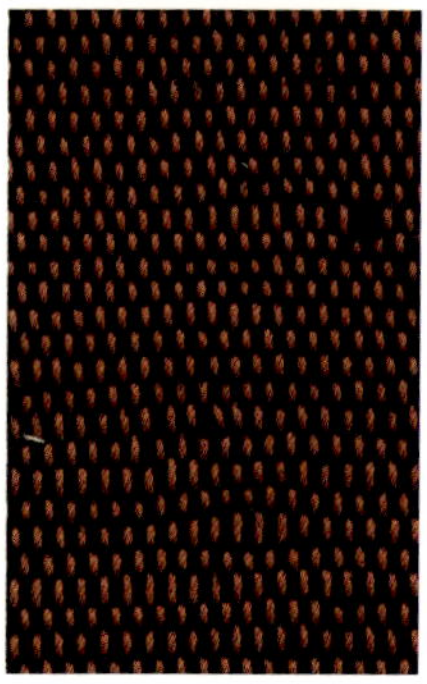	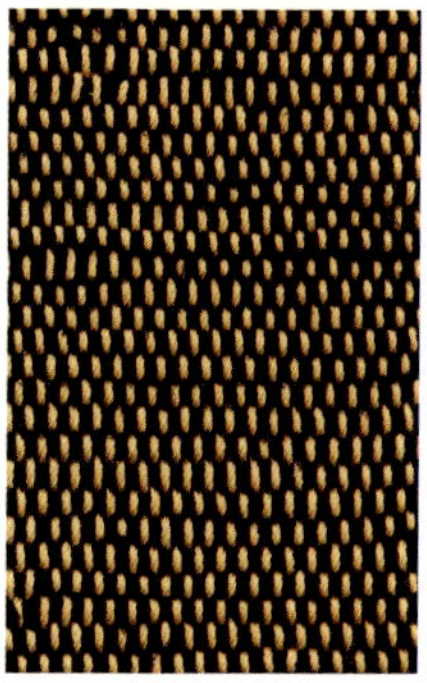

糸
布
白
青
緑
赤
白
黄
赤
黒

綜絖の選び方〈サンプル織り〉

極細、中細、並太、極太の4種類のたて糸、よこ糸には1cmに裂いた布を
よこ糸密度3段/cmで織った場合の20羽～50羽までのサンプル織りです。
実際に織ってみて、イメージに合わないときは筬密度を変えます。
そのためにも密度の異なる筬（綜絖）は何種類か揃えておくといいでしょう。

密度／糸	20羽	30羽	40羽	50羽
極細	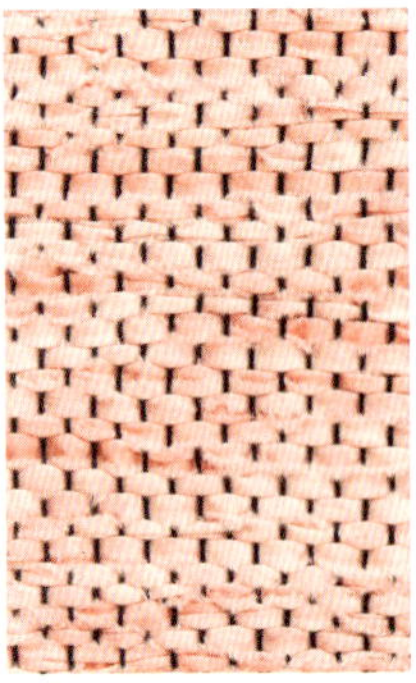		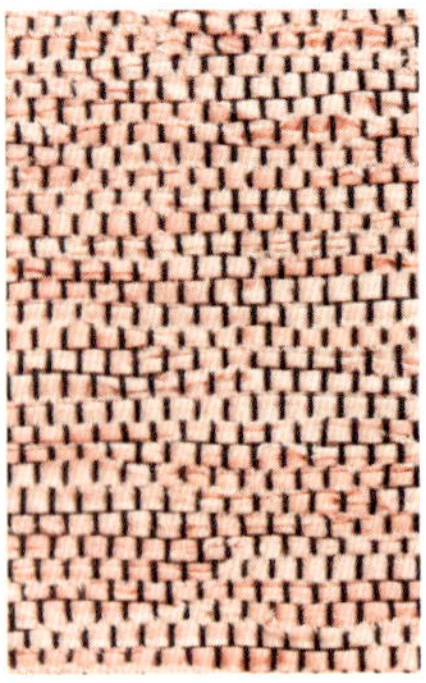	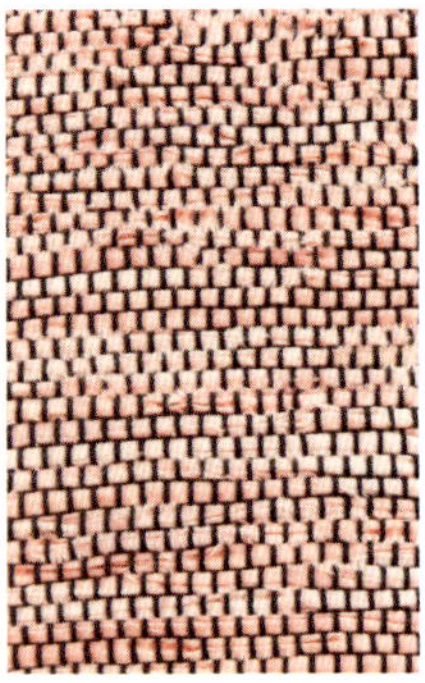
中細	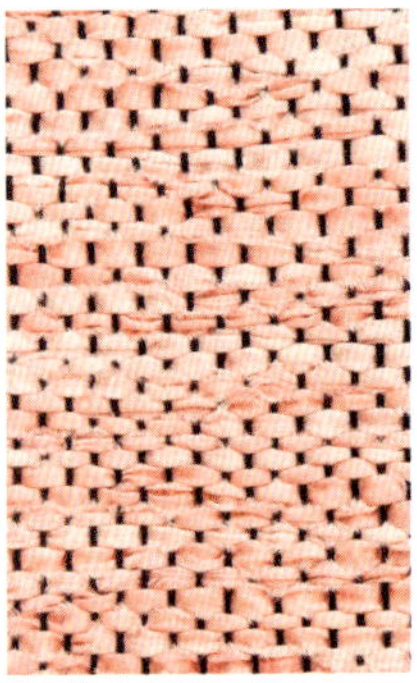		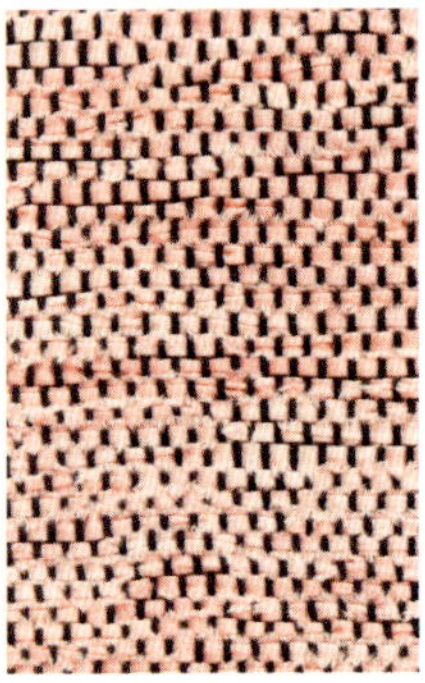	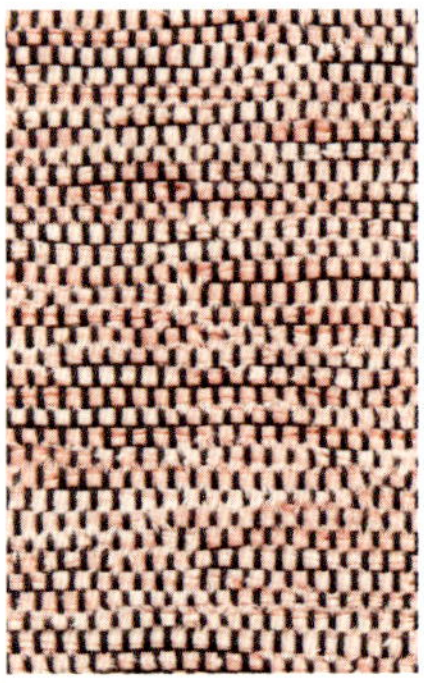
並太	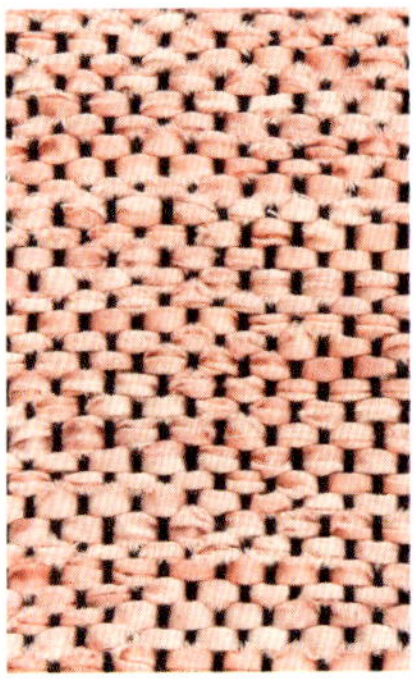	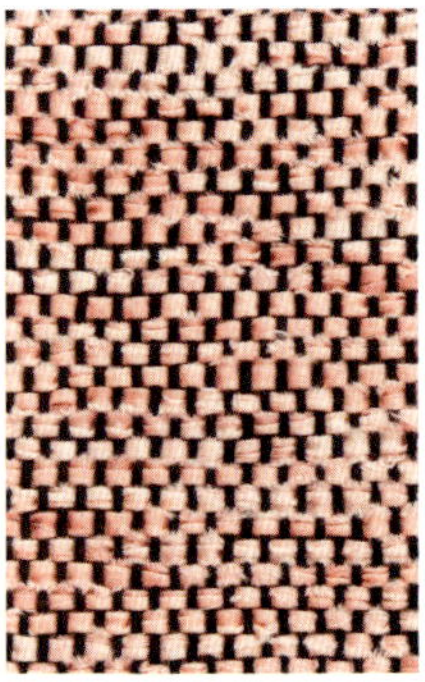	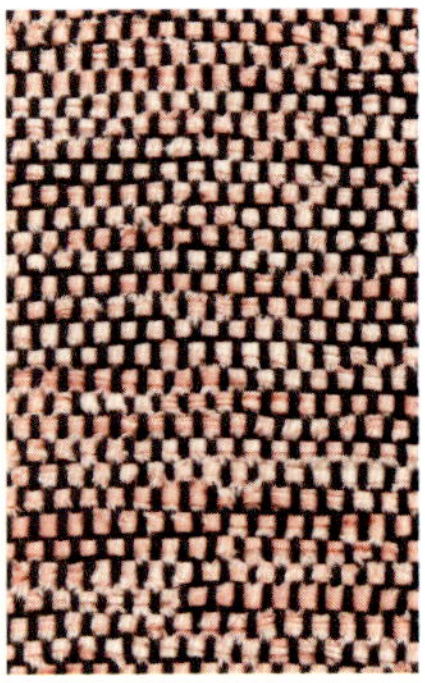	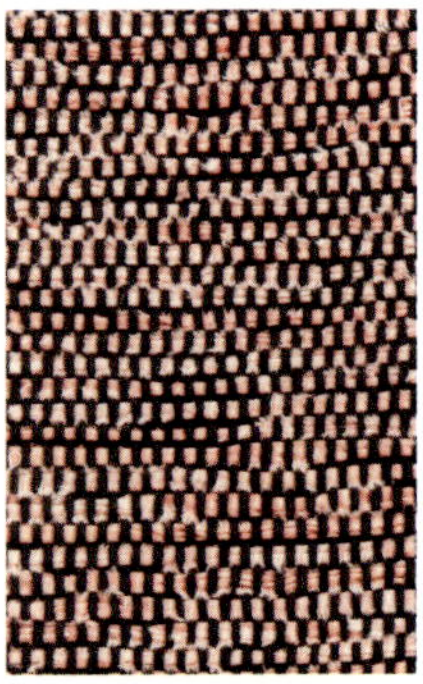
極太	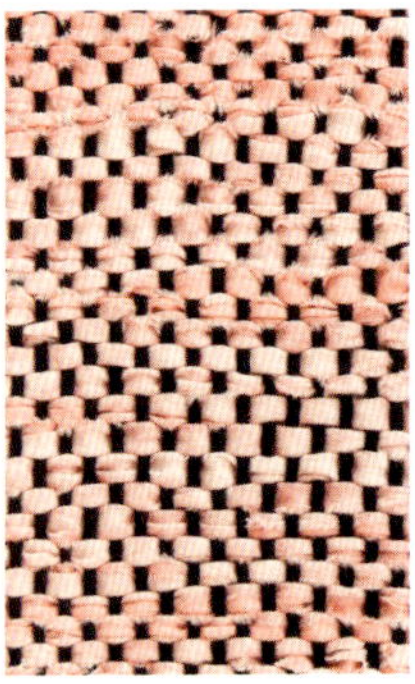	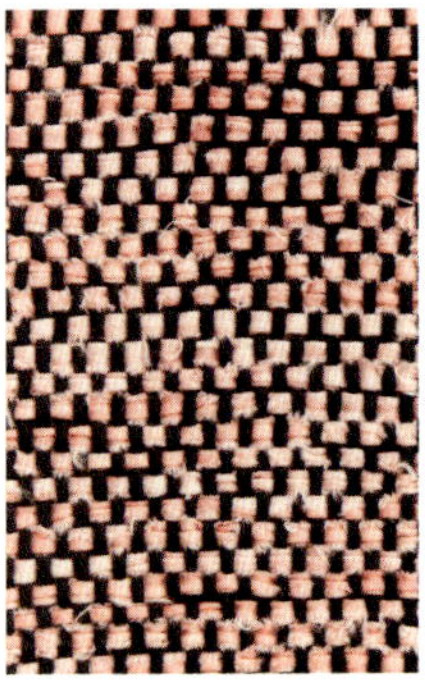	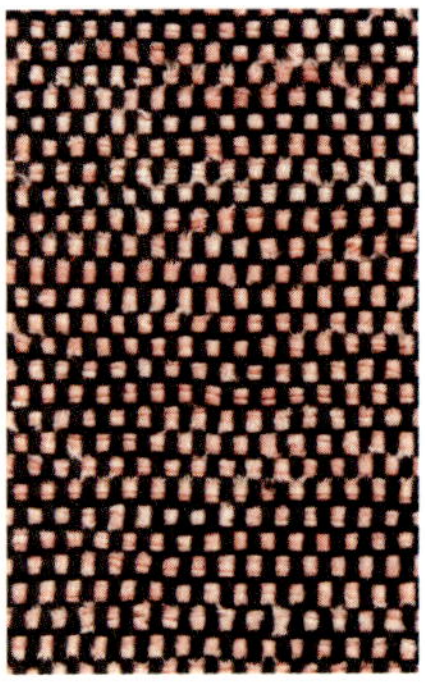	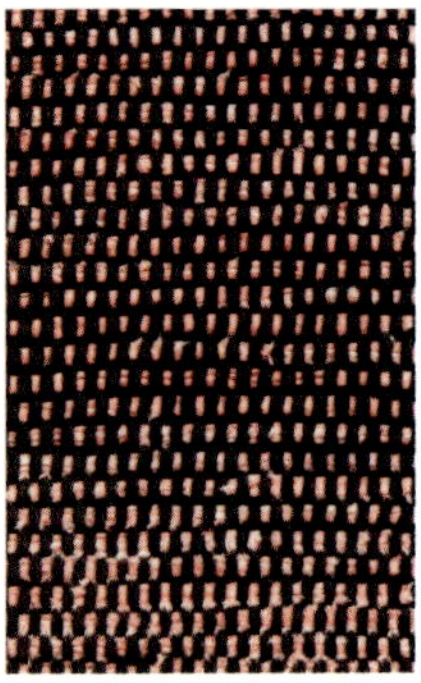

裂き織り技法索引

（あいうえお順）

手織りレッスン 全国お教室一覧

詳しくは直接お教室へお問い合わせください。

都道府県	教室名 / 主宰者	教室所在地 / 【最寄駅】/ TEL / FAX / メールアドレス / HP
北海道	染織工房　糸音 三浦　千津子	千歳市真々地 1 丁目 7-8【JR 千歳駅】 TEL **0123-23-1287** FAX 0123-23-1287 mail m.itone@ezweb.ne.jp
岩手県	ー手織工房 遊・優ー 高橋　優子	一関市赤萩字萩野 429-5【JR 一関駅より車 10 分】 TEL **0191-25-3207** FAX 0191-25-3207 mail hanahu-tu.1017@docomo.ne.jp
宮城県	手織工房　手仕事や 作間	岩沼市本町 8-32【ＪＲ岩沼駅東口徒歩 12 分】 TEL **090-2403-8205** FAX 0223-22-3510 mail oribito-otsuu@docomo.ne.jp
宮城県	ウィーヴィングルーム　スペース 古山　文子	塩釜市新浜町 2-15-7【JR 仙石線東塩駅より徒歩 20 分】 TEL **022-364-7388** FAX 022-364-7388 mail furufuru@triton.ocn.ne.jp
宮城県	糸織 阿部　純子	宮城郡利府町青葉台 1-24-8 【JR 利府駅】 TEL **022-356-6779** mail jeux.d.eau@siren.ocn.ne.jp
秋田県	染・織・工房オルル 柴田　啓子	秋田市飯島長野中町 8-3 TEL **018-846-5620** FAX 018-846-5620 mail gure2481@yahoo.co.jp
秋田県	秋田カルチャースクール・キャッスル校 「手織り・裂き織り」 佐々木　真知子	秋田市中通 1-3-5 秋田キャッスルホテル 3Ｆ TEL **018-831-4211** mail kochima213@live.jp HP http://culture.gr.jp
茨城県	手織り・裂き織り教室　龍ヶ崎 小野	龍ヶ崎市長山【JR 常磐線佐貫駅よりバス】 TEL **0297-66-8207** FAX 0297-66-8207
群馬県	①高崎カルチャーセンター ②なちゅらる工房 小林	①ウニクス高崎店 2F　②藤岡市 【①JR 北高崎駅より徒歩 10 分②JR 群馬藤岡駅より徒歩 13 分】 TEL ①**027-361-2411**　②**0274-24-3272** mail flower-quilt@t.vodafone.ne.jp
埼玉県	布あそび　遊 ing 荒井　加代子	埼玉県幸手市中 1-15-5 伊丹ビル 1 階 【東武日光線 幸手駅徒歩 1 分】 TEL **0480-48-7238** FAX 0480-48-7238
埼玉県	①上里カルチャーセンター ②深谷カルチャーセンター 町田　裕子	①児玉郡上里町大字七本木 2272-1 ウニクス上里 1F ②深谷市上紫町西 4-2-14 アリオ深谷 1F【①JR 高崎線神保原駅②JR 高崎線深谷駅】TEL ①**0495-33-7411**②**048-551-2211** mail oriton125@yahoo.co.jp
埼玉県	①朝日カルチャーセンター新宿教室（東京） ②ＮＨＫ文化センターさいたまアリーナ教室 後藤　美由紀	①新宿区西新宿新宿住友ビル 4F　②さいたま市中央区新都心 8 番地さいたまスーパーアリーナ内 6F【①JR 新宿駅西口より徒歩 8 分②JR さいたま新都心駅より徒歩 6 分】TEL ①03-3344-1946 ②048-600-0091 FAX ①03-3344-1930 ②048-600-0094 HP ①http://www.asahiculuture.jp/ ②http://www.nhk-cul.co.jp/
千葉県	①眞織工房　②ＮＨＫ文化センター柏教室 ③ＮＨＫ文化センター千葉教室 廣田　マリ子	①我孫子市柴崎台【①JR 常磐線天王台駅】 TEL ①**04-7183-4202** ②**04-7148-1711** ③**043-202-7231** FAX ①04-7183-4202 mail ①zaq00330@nifty.com
千葉県	①NHK 文化センターユーカリが丘教室　②東京カルチャーセンター　③セブンカルチャークラブ綾瀬　④取手カルチャー　⑤手仕事教室シュピンネン 金澤　理恵	①ウエストタワー 2F　②江戸川区東葛西　③イトーヨーカドー綾瀬店 6F　④取手駅ビル 5F　⑤松戸市二十世紀が丘【①京成本線ユーカリが丘　②東西線葛西駅　③東京メトロ千代田線綾瀬駅　④JR 取手駅　⑤JR 松戸駅・北総線北国分駅】TEL 090-4538-5754 FAX 047-392-5126 mail riesan@hotmail.co.jp
千葉県	加納和子手織工房 加納　和子	鎌ヶ谷市富岡【東武野田線鎌ヶ谷駅（P 有）】 TEL **090-8770-6688** FAX 047-412-3400 mail 0318ka-ko@jcom.home.ne.jp
千葉県	手織り工房　珠結（みゆ） 丸山　民子	佐倉市藤治台 20-7【JR 佐倉駅より車 5 分】 TEL **043-486-8936** FAX 043-486-8936 mail tamimaru@catv296.ne.jp
千葉県	布遊びの部屋 木村　美和子	千葉市稲毛区小仲台 8-3-1【JR 稲毛駅よりバス 5 分】 TEL **043-251-9651** FAX 043-251-9651 mail miki0709@mist.dti.ne.jp

都道府県	教室名 / 主宰者	教室所在地 / 【最寄駅】/ TEL / FAX / メールアドレス / HP
東京都	①らっくらっく工房　②よみうりカルチャー荻窪　③南大沢カルチャー 松本	①国立市東　②荻窪ルミネ 6F　③南大沢ガレリア・ユギ 5F 【①JR 国立駅より徒歩 10 分】 TEL ①**042-572-1358** ②**03-3392-8891** ③**042-679-6811** FAX 042-572-1358 mail matsumoto.853@r4.dion.ne.jp
東京都	①池袋コミュニティーカレッジ ②読売日本テレビ文化センター浦和 大塚　浩美	①西武池袋本店別館 8 階　②浦和ロイヤルパインズホテル B1【①JR 池袋駅 ②JR 浦和駅】TEL ①03-5949-5486(代) ②048-824-5711(代) HP ①http://www.7cn.co.jp/7cn/culture/cc/index.html ②http://www.ync.ne.jp/urawa/
東京都	手織り・草木染め Studio A Week 箕輪　直子	品川区西五反田 6-24-15Y.BLDG 1 ～ 2 階【都営地下鉄戸越駅・東急池上線戸越銀座駅・大崎広小路駅より徒歩 5 分　JR 五反田駅 / 大崎駅より徒歩 12 分】TEL 03-6417-0510 FAX 03-6417-0511 mail a-week@minowanaoko.com HP http://www.minowanaoko.com/
神奈川県	鎌倉　紅葉ヶ谷の風から （もみじがやつ） 今田　尚美	鎌倉市扇ヶ谷 1-7 今小路クラブ【JR 鎌倉駅西口より徒歩 5 分】 TEL **0467-25-4855** FAX 0467-25-4855
神奈川県	①ヨークカルチャーセンター茅ヶ崎 ②柴田工房 柴田　秀子	①茅ヶ崎市新栄町 12-12　②茅ヶ崎市【①②JR 茅ヶ崎駅】 TEL ①**0467-58-1010** ②**0467-54-4007** FAX ②0467-54-4007 mail hs.shibata@hotmail.co.jp
神奈川県	①東急セミナー BE 青葉台　②NHK 文化センター横浜ランドマーク教室 神谷　悦子	①横浜市青葉区　②横浜市西区 【①東急田園都市線青葉台駅　②JR・横浜市営地下鉄桜木町駅・みなとみらい線みなとみらい駅】 TEL ①**045-983-4153**　②**045-224-1110**
神奈川県 福島県	①朝日カルチャーセンター横浜教室 ②手織工房　服部 服部　容子	①横浜市　②二本松市【①JR 横浜駅】 TEL ①**045-453-1122**　②**0243-23-7855** mail ryo-1001@sc4.so-net.ne.jp
静岡県	①NHK 文化センター浜松　②BBS 学苑 ③社会保険センター浜松　④自宅教室 藤木　ヒロコ / 草島　あきこ	浜松市中区鴨江 3-35-32 TEL **053-452-1069 / 053-454-0291** FAX 053-452-1069 / 053-454-0291
愛知県	手作り工房　ちゃるま 野田　宏美	豊田市梅坪町 2-11-7【名古屋鉄道梅坪駅より徒歩 5 分・愛知環状鉄道愛環梅坪駅より徒歩 5 分】 TEL **0565-33-8883** FAX 0565-33-8883
大阪府 奈良県	①大阪産経学園「やさしいゆび織りはじめての手織り」 ②手染めと糸のワークショップ 曽田　よう子	①大阪市北区芝田 1-1-4 阪急ターミナルビル 7F（阪急梅田駅上）　②a) 奈良市　b) 北葛城郡王寺町【①阪急梅田駅上　②a) 近鉄奈良駅より徒歩 1 分　b) J R 王寺駅よりバス 15 分】TEL ①06-6373-1241 ②0745-72-0316 FAX ①06-6373-1421　②0745-72-0316 HP http://tezomeito.exblog.jp/
島根県	工房　凜 山代　由香	浜田市朝日町 73-6 朝日ビル 102 号【JR 浜田駅より徒歩 10 分】 TEL **090-7974-0196** mail yu-yama@iwamicatv.jp HP http://woolfelt.d-rin.com/
島根県	手織り＆草花染め工房 おりいむ 東　政子	浜田市熱田町 887-4【JR 山陰本線浜田駅より車 10 分 /JR 山陰本線西浜田駅より徒歩 10 分】TEL 090-8604-0898 FAX 0855-28-7885 mail ma-105higa@docomo.ne.jp HP http://oriimu.at.webry.info/
徳島県	①ア・ドミシール手織教室 ②手織教室（五島糸店内） 船井　由美子	鳴門市撫養町南浜字馬目木 85-5【JR 撫養駅より徒歩 5 分】 TEL **088-685-3297** FAX 088-685-3297 mail drggn734@yahoo.co.jp
徳島県	染織手作り創 自宅教室・公民館教室 阿部　美穂子	名西郡石井町藍畑字第十 112-1 【JR 石井駅下車　徳島バス竜王団地行　第十下車】 TEL **088-674-1417** FAX 088-674-1417
熊本県	①手織り倶楽部くまもと　織好 SUN ②ＮＨＫカルチャー熊本教室 髙田　敦子	①熊本市西区田崎 3-4-18　②鶴屋百貨店 WING 館 6F 【①JR 熊本駅　②JR 熊本駅より市電またはバス 20 分】 TEL ①**096-355-1505** ②096-351-8888 FAX ①096-355-1505 mail oriko-sun@softbank.ne.jp
鹿児島県	染織アトリエ繭（まゆ） 杉尾　緑	鹿児島市緑ヶ丘町 28-1【JR 鹿児島中央駅下車　南国交通緑ヶ丘団地東バス停より徒歩 1 分】 TEL **099-243-6605 / 090-5292-9883** FAX 099-243-6605 mail midorimayu@po3.synapse.ne.jp

本書に掲載の家庭用卓上手織機テクニックの一部を使い 楽しみながら織る

step 1 木綿布と段染め糸のテーブルセンター
step 2 カラフル縞のランチョンマット
step 3 和紙を織り込むキャンディーボックス
step 4 あじろ模様のテーブルセンター
step 5 ホワイトマフラー
step 6 千鳥格子のマフラー
step 7 平織りのパターン
step 8 あじろ織りのマフラー
step 9 マット織り 幾何学模様の花瓶敷き
step 10 綴れ織り 家のカタチを織り出すタピストリー
step 11 マット織り 裂き織りのバスマット
step 12 ノット織り ハートのコラージュ
step 13 ノット織り フサフサのショートマフラー
step 14 浮き織りのサンプラー
step 15 浮き織り ラフィアのテーブルセンター
step 16 浮き織り 変わり糸のクッション
step 17 透かし織りサンプラー
step 18 透かし織りの夏糸ショール
step 19 スペース織り 竹ひごの花瓶敷き
step 20 スペース織り ビーズを織り込むバッグ
step 21 スペース織り モコモコショール
step 22 透かし織りの麻暖簾
step 23 絣 木綿のよこ絣
step 24 絣 ラフィアのやたら絣

一般財団法人 生涯学習開発財団 認定　日本染織協会認定

リビングアート手織倶楽部 認定講座カリキュラム内容

※講座カリキュラムは予告なく変更する場合がございます。※通学と通信のお好きな選択ができます。

http://www.gakusyu-forum.net/teori 楽習フォーラム 手織 検索

カリキュラム作成
箕輪直子

おわりに

この本は企画から３年越しでようやく完成にたどり着きました。普通の手織りの本の場合はメーカーの糸を使うことができますが、裂き織りの場合は材料を自前で揃え、実際に使えるか吟味するところから始めなければなりません。

また、ただザクザクと織るだけといったイメージもある裂き織りの新たな一面を表現したいとずいぶん試行錯誤もしました。そして裂き織りの資料や材料を求めて、あちらこちらに取材にも伺いました。

私にとって25冊目のこの本は、本当に多くの方の協力なしでは成しえませんでした。快く取材を引き受けてくれた皆様、またそのルートをたどるために紹介の労をかけました皆様、そして編集・撮影・作成に協力をいただいたスタッフにこの場を借りて厚くお礼申し上げます。

箕輪直子 Naoko Minowa

染織家。日本染織協会会長（所属　楽習フォーラム・リビングアート手織倶楽部、楽習フォーラム・草花のキッチン染めアソシエイツ、ゆび織りディプロマ講座）。品川区西五反田で手織りと草木染めのショップStudio A Weekを主宰。NHK「すてきにハンドメイド」ほか各方面で活躍。
著書に『草木染め大全』『誰でもできる草木染めレッスン』『手織り大全』『手織りを楽しむまきものデザイン150』『はじめての手織りレッスン』（以上、誠文堂新光社）、『ゆび織りで作るマフラー&ショール』『縫わずにできる革テープのバッグと小物』（以上、河出書房新社）などがある。

Studio A Week
東京都品川区西五反田6-24-15 Y.BLDG
TEL.03-6417-0510
http://www.minowanaoko.com
☆この本に出てくる道具・材料類の一部はオンラインショップで扱っています

[編集協力]
大塚浩美　後藤美由紀　廣田眞理子　熊田郁子
[縫製]
坂部由美子
[制作協力]
青木薫　佐々木真知子　曽田よう子　服部容子　町田裕子
[取材協力]
相川技能伝承展示館元館長・柳平則子さん　裂織工房加藤
津軽藩ねぷた村　南部裂織保存会　NPO法人里山の学校
大城戸織布　播州織工房館　西脇市郷土資料館
クロキ株式会社　成和株式会社　株式会社アバンティ
群馬県繊維工業試験場　絹小沢株式会社　有限会社ワカタベ
碓氷製糸農業協同組合　京都手織研究所
株式会社田中直染料店　エイラ・アホネン裂織工房

[撮影]
井上孝明
[装丁・デザイン]
佐藤アキラ
[製図]
原山恵
[編集]
田口香代

各種技法《かくしゅぎほう》から、裂《さ》き織《お》りならではのコツ、
伝承《でんしょう》として残《のこ》る地方《ちほう》の技法《ぎほう》までを網羅《もうら》

裂《さ》き織《お》り大全《たいぜん》

2015年９月16日　発　行　　NDC 753.8
2017年11月15日　第４刷

著　　者　箕輪直子《みのわなおこ》
発 行 者　小川雄一
発 行 所　株式会社 誠文堂新光社
〒113-0033　東京都文京区本郷3-3-11
（編集）電話03-5805-7285
（販売）電話03-5800-5780
http://www.seibundo-shinkosha.net/

印刷・製本　図書印刷 株式会社

©2015, Naoko Minowa.
Printed in Japan

検印省略　禁・無断転載

落丁・乱丁本はお取り替え致します。

本書のコピー、スキャン、デジタル化等の無断複製は、著作権法上での例外を除き、禁じられています。本書を代行業者等の第三者に依頼してスキャンやデジタル化することは、たとえ個人や家庭内での利用であっても著作権法上認められません。

JCOPY ＜（社）出版者著作権管理機構 委託出版物＞
本書を無断で複製複写（コピー）することは、著作権法上での例外を除き、禁じられています。本書をコピーされる場合は、そのつど事前に、（社）出版者著作権管理機構（電話 03-3513-6969／FAX 03-3513-6979／e-mail:info@jcopy.or.jp）の許諾を得てください。

ISBN978-4-416-61585-0